每天一堂

金融理财课

庄立◎编著

中国華僑出版社
北京

图书在版编目（CIP）数据

每天一堂金融理财课 / 庄立编著 .—北京：中国华侨出版社，2018.3

ISBN 978-7-5113-7495-0

Ⅰ . ①每… Ⅱ . ①庄… Ⅲ . ①金融投资–基本知识 Ⅳ . ① F830.59

中国版本图书馆 CIP 数据核字（2018）第 023549 号

每天一堂金融理财课

编　　著 / 庄　立
责任编辑 / 高文喆　赵秀村
责任校对 / 王京燕
经　　销 / 新华书店
开　　本 / 670 毫米 ×960 毫米　1/16　印张 /18　字数 /230 千字
印　　刷 / 三河市华润印刷有限公司
版　　次 / 2018 年 6 月第 1 版　2018 年 6 月第 1 次印刷
书　　号 / ISBN 978-7-5113-7495-0
定　　价 / 38.00 元

中国华侨出版社　北京市朝阳区静安里 26 号通成达大厦 3 层　邮编：100028
法律顾问：陈鹰律师事务所
编辑部：（010）64443056　　64443979
发行部：（010）64443051　传真：（010）64439708
网　址：www.oveaschin.com
E-mail：oveaschin@sina.com

前言

人类的历史，其实也是一部金融的历史。从公元前 2000 年金融业诞生于巴比伦到现如今互联网金融的迅速崛起，金融以迅疾的速度改变着世界，改变着每个人的生活方式。著名经济学家斯蒂格利茨曾说过：“金融是经济的大脑。”现代经济生活中，金融与一切息息相关。于国家而言，金融是宏观调控的工具，是社会经济生活的命脉；于企业而言，金融关乎整个企业的生死存亡，它影响着管理者的每一个决策以及企业的发展与未来；于我们每个人而言，金融意味着手中的“钱袋子”，决定着生存的质量。

尽管金融关乎着每个人的命运，但其较强的专业性和学术性，常常将想要学习它的人拒之门外。为了让读者更好地了解金融、使用金融，本书摒弃了复杂的数据与晦涩的理论，以通俗易懂的方式，将与金融有关的基础知识分享给读者。

全书分为上、中、下三篇，上篇是传统金融常识，介绍了经济指数、货币、金融市场等基本知识，为读者打开金融世界的大门；中篇是互联网金融常识，P2P 网贷、第三方支付、众筹是什么、互联网金融又是如何迅速崛起的，本篇将一一说明；下篇是投资理财常识，在负利率时代，钱到手中就已经开始贬值了，不懂理财，或者只懂得以储蓄的方式理财，只会让手中的资产大大贬值，如何让手中的钱变身为未来的财富，是每个人都要思考的问题，本篇介绍了一些简单实用的投资理财常识，为投资理财提供了方向与方法。

在这个随时随地被金融围绕的时代，每个人都无法置身其外。客观看待问题，做个金融生活里的明白人，你的生活会更加幸福。

目录

contents

上篇

传统金融常识

第七章　国际经济交往的纽带——学金融必知的汇率常识

第八章　为何钱不值钱了——学金融必知的通货膨胀与紧缩常识

第九章　谁都躲不开的风暴——学金融必知的危机常识

中篇

互联网金融常识

下篇

投资理财常识

上篇

传统金融常识

第一章

「　金融世界的敲门砖　」

——学金融必知的经济指数常识

1. 衡量国家经济状况的指标——GDP

众所周知，GDP 是所有经济指标中最基本也是最重要的一个。伟大的经济学家保罗·萨缪尔森曾说："GDP 是 20 世纪最伟大的发明之一。"而曾任克林顿政府商务部部长的威廉·戴利则对 GDP 有过这样的描述："当我们要寻找商务部的先驱们创造的对美国影响最大的成就时，GDP 的发明当之无愧。"可见，GDP 非常重要。

那么，究竟什么是 GDP 呢？人们对它是这样定义的：GDP，即国内生产总值，它是一个国家（国界范围内）所有常驻单位在一定时期内生产的所有最终产品和劳务的市场价值。GDP 是国民经济核算的核心指标，也是衡量一个国家或地区总体经济状况的重要指标，因此经济学家们总是生动地将 GDP 比作国家经济状况的脉搏，以强调其高度重要性。

GDP 如何核算

总的来说，GDP 的核算有三种方法，分别是生产法、支出法、收入法。下面，笔者简要介绍一下这三种核算方法。

①生产法

首先，我们来看一下生产法的定义，它是指按提供物质产品与劳务的各个部门的产值来计算国内生产总值的方法。按照生产法来核算GDP，可以把各个行业分为各个部门，各部门按照等式“增加值 = 总产出 - 中间投入”，将其使用的中间产品的产值扣除，就可以计算出所增加的价值，再把各个部门的产值加总，与国外要素净收入相加，扣除相关统计误差项，就可以得出 GDP 了。

②支出法

使用支出法核算 GDP，需要从产品的使用出发，把一年内采购的各项最终产品的支出合计，来计算出该年度生产的最终产品的市场价值。这里的支出主要包括消费支出、投资支出、政府购买及净出口等。

③收入法

按照西方经济学关于生产要素创造收入的理论，收入法是根据生产要素在生产过程中应得的收入份额来反映最终成果的一种计算方法。具体而言，GDP 是全国各行业汇总的劳动者报酬、生产税净额、固定资产折旧及营业盈余这四部分的加总。

GDP 是否万能

既然可以把 GDP 比作国家经济状况的脉搏，那么 GDP 是万能的吗？是不是只要铆足劲儿提高 GDP 就可以了呢？答案是否定的。

GDP 并不是万能的，它无法衡量社会成本，也无法反映自然资源的损耗。比如说，对于那些原本应该由企业自行承担却让外部承担的成本，GDP 是无法衡量的；在生产过程中对资源、环境造成的损耗和破坏，实际上增加了社会总资源的支出，但在现实核算中却可以增加 GDP。

GDP 有时是毫无意义的。为什么这么说呢？打个比方，某地投资 5000 万元建造了一座大厦，由此产生 2000 万元 GDP，可出于某方面的需求，这座大厦落成后不久就得拆迁重建，而假设重建耗费 8000 万元，按照上面介绍的核算方法计算，则会产生 5000 万元 GDP。从表面上来看，GDP 是产生了，可类似于这种建了拆、拆了建的活动，其所产生的

GDP 则是毫无意义的。

有些 GDP 甚至是有害的。比如，在道路上安全行驶的车辆，一般来说是无法产生 GDP 的。可如果此时不幸发生了车祸，那么由此带来的医疗费用、维修费用等，则似乎“创造”了 GDP。可这样的 GDP，我们能说它对社会财富的增长有贡献吗？显然，是不能的。

2. 核算国民创造价值的指标——GNP

相对于前面众所周知的 GDP，GNP 这个经济指标的“知名度”则相对较低，但事实上，我国到了 20 世纪 80 年代中期才开始采用 GDP，而在那之前一直使用的都是“GNP”这一指标。

从定义上看，GDP 即国内生产总值，既包括国内企业创造的，也包括国外企业创造的；而 GNP 即国民生产总值，指的是在一定时期内，一个国家的公民所创造出来的价值。其所强调的是本国国民创造的价值，无论其在国内创造还是在国外创造的价值，都属于这个国家的 GNP。

GDP 与 GNP 的联系和区别

有一个生动俏皮的说法，称 GDP 与 GNP 是一对“孪生兄弟”。为什么这样说呢？这是因为从根本上看，二者并没有本质的区别，都是对一个国家在一定时期内产出价值的衡量，都是一个国家经济状况的反映。不过，从两者的含义中仍然可以看出，它们之间存在一定的区别，主要体现为 GDP 强调的是“属地原则”，而 GNP 强调的则是“属人原则”。因为存在这样的区别，同一个国家在一定时期内的 GDP 和 GNP 可能有出入。

一般情况下，当一国的资本流入大于资本流出时，它的 GDP 会大于 GNP；反之，当一国资本流出大于资本流入时，GNP 则会大于 GDP。通俗地说，这两个指标哪个更大，取决于一个国家给外国人的钱多，还是从外国人那里得到的钱多。

那什么时候资本流入会大于资本流出呢？就当前的资本流动方向来看，发达国家是主要的资本净流出国，而发展中国家则是主要的资本净流入国。这就意味着，当一个国家处于发展中阶段时，其 GDP 统计出来的产出水平会大于 GNP 统计出来的产出水平。

要 GDP 还是要 GNP

由于 GDP 和 GNP 有一定的出入，那么一个国家是钉住 GDP 好，还是钉住 GNP 好呢？

其实，钉住不同的指标，意味着一个国家的政策侧重点会有所差异。要 GDP，意味着资本流入要大于资本流出，那么就要尽可能地吸引外资，让外资在国内创造更多的价值，产生更多的税收；要 GNP，则意味着资本流出要大于资本流入，那么就要尽可能地扶持本国产业，鼓励本国企业走出去发展。

然而，实际情况并没有这么简单。一味追求 GDP，可能会因为用尽一切方法吸引外资，结果 GDP 是上去了，可环境、资源等各方面可能会遭到较大的破坏和耗损，这样一来，人们的生活质量并没有因此真正得到提高。相反，如果一味追求 GNP，则会采用加大对外投资力度的措施，这很可能会带来极大的风险。比如，在“一战”之前，英国和法国积累了巨额的对外投资，可后来战争一爆发，所有海外资产一夜之间化为乌有。由此可见，对外投资的风险还是相当大的。

因此，关于“要 GDP 还是要 GNP”这个问题，不能简单地一概而论。但我们可以确定的一点是，无论是钉住 GDP，还是钉住 GNP，最重要的是钉住老百姓的生活水平。切切实实地提高一个国家老百姓的生活水平，才是一个国家经济政策的重中之重。

3．国家经济的“体温计”——PPI

在介绍PPI之前，有必要先给大家简单介绍一下CPI。何为CPI呢？人们是这样定义的：CPI，即消费者价格指数，主要用以反映消费者购买商品或劳务的价格变化情况，也就是站在消费者的角度而言的。

而PPI呢？同样也是价格指数，不过，它指代的是生产者价格指数。也就是说，它是站在生产者的角度，来观察不同时期货物和服务的商品价格水平变动。PPI能够反映生产环节的价格水平，是国家制定有关经济政策的重要依据，是一个非常重要的指标。曾有人将其生动地比作国家经济的“体温计”，因为通过观察PPI指数的变化，能够大体判断国家经济的运行状况。

PPI的用途

从其定义可知，PPI是用来衡量生产者在生产过程中所需采购品的物价状况，因此不难看出，这个指数包括了生产过程中所需的原材料、半成品和最终产成品这三个阶段的物价状况。一般而言，生产过程中所面临的物价变动情况最终将会反映到产成品的价格上，因此观察PPI指数的变动状况，可以用来预测未来物价的变动状况。也就是说，PPI是CPI的先声。

通常情况下，PPI指数上升，意味着产品出厂价格上涨，因此可以使企业利润增加；但是，在市场经济竞争激烈的情况下，价格上涨意味着众多竞争性领域的企业将面临越来越大的成本压力，也就是会影响到企业的盈利，从大范围来看，会影响到整个经济的运行状况。

必须指出的是，PPI并不仅仅是某一个单独的数据，而是生产过程中包括原材料、半成品、产成品三个阶段在内的一组数据。尽管人们认为，对金融市场影响力最大的是产成品的PPI，因为它代表的是商品送至批发零售商之前的最终状态，然而人们往往容易忽略产成品的价格会受到原材料和半成品这两个过程中的物价的影响。因此，观察 PPI 指数，应该综合观察三个阶段的数据。

PPI 和 CPI 之间的联系和区别

只要我们在生活中稍微留意，就不难发现 PPI 和 CPI 这两个指数常常被人们“捆绑”在一起。那么，这两者之间有什么联系呢？根据价格传导规律，整体价格水平的波动通常会先出现在生产领域，然后通过产业链向下游产业扩散，最后才影响到消费品的价格。这样的传导途径可以简单概括为：从原材料传导至生产资料，再从生产资料传导至生活资料，进而传导至最终的消费品。

尽管 PPI 和 CPI 之间有着如此紧密的联系，但很多时候我们会看到这两个指数所显示的并不一致，这又是为什么呢？原因是，CPI 不仅包括消费品的价格，还包括服务的价格，因此这两者在统计口径上并不是严格的对应关系。也就是说，CPI 和 PPI 的变化在某个时期存在不一致的情况是有可能的。但是，如果两者持续长时间处于相悖的状态，则意味着价格的变化不符合价格传导规律，其原因很可能是工业品市场处于买方市场以及政府对公共产品价格存在人为控制。

4．衡量贫富差距的标尺——基尼系数

在了解基尼系数之前，让我们先来了解一下洛伦茨曲线。洛伦茨曲线是反映一个国家收入分配平等或不平等状况的一条曲线，它是如何得出的呢？首先，画一个矩形，矩形的高代表的是衡量社会财富的百分比，将之分为 5 等份，每一等份为 20 的社会总财富。在矩形的长上，将数值为 100 的家庭从最贫者到最富者自左向右排列，也分为 5 等份，第一

个等份代表收入最低的20的家庭。在这个矩形中，将每一等份的家庭所拥有的财富的百分比累计起来，并将相应的点画在图中，便得到了一条曲线，也就是洛伦茨曲线。

而基尼系数，就是由洛伦茨曲线而来的，是美国经济学家阿尔伯特·赫希曼根据该曲线所发明的一种判断收入分配公平程度的指标。换句话来说，基尼系数就是衡量贫富差距、反映生活质量的一个经济指标。

基尼系数的经济意义

基尼系数的具体含义是指，在全部居民收入中，用于进行不平均分配的那部分收入所占的比例。因此，基尼系数是一个比例系数，在0到1之间。当基尼系数为1时，表示居民之间的收入分配绝对不平均，即100%的收入被一个单位的人全部占有了；当基尼系数为0时，则表示居民之间的收入分配绝对平均，即人与人之间收入完全平等，没有任何差异。

然而，必须指出的是，这两种极端的情况都只是在理论上的绝对化形式，在实际生活中一般不会出现。因此，通常来说，基尼系数越小，收入分配越平均；基尼系数越大，收入分配越不平均。而在国际上，则通常把0.4作为贫富差距的警戒值，大于这一数值则可能会出现社会动荡。

我国的基尼系数情况

根据国家统计局发布的数据显示，自2003年以来，我国基尼系数一直处在全球平均水平0.44之上，曾于2008年达到最高点，即0.491。自那以后，基尼系数逐步呈回落态势。其中，2009年基尼系数为0.490，2010年为0.481，2011年为0.477，2012年为0.474，2013年为0.473，2014年为0.469。然而，在20世纪80年代初，我国的基尼系数只有0.3左右。2016年1月19日，国家统计局发布的数据显示，2015年全国基尼系数为0.462，创下了自2003年以来的最低值。到了2017年，国家统计局公布的官方基尼系数为0.469，部分学者测算已高至0.6。

从我国历年的基尼系数中不难发现，我国存在较为严重的贫富差距现象，此现象于2008年达到最高峰。那么，是什么原因造成了我国基尼系数高居不下呢？原因是多方面的，例如，我国的产业结构发展不均衡，农业领域平均收入太低，第三产业发展也不尽充分；又如，我国中小企业发展不够充分，但从业人数众多，加大了贫富差距。尽管如今我国的经济发展如日中天，基尼系数已逐渐回落，但仍大于国际贫富差距的警戒值0.4，依然需要引起高度重视。

第二章
「金钱的逻辑」
——学金融必知的货币常识

1．关于货币的前世今生

金钱无论什么时候在我们的生活中都占据着相当重要的地位。在日常生活中，人们为了满足物质和精神等各方面的需求，必须通过交换来实现，而这种交换就必须用金钱来实现。可以说，钱是一个人生存的物质基础之一。

钱，即货币

我们俗话所说的“钱”，就是经济学概念中的“货币”。在经济学中，货币是商品交换的产物，是从商品中分离出来固定地充当一般等价物的商品，体现着商品生产者之间的社会经济关系。那么，货币是从什么时候出现的，又是如何一步步发展到今天的呢?

在原始社会末期，最早出现的货币是实物货币。通常，游牧民族以牲畜、兽皮类来实现货币的职能，而农业民族则以五谷、布帛、农具、陶器、海贝、珠玉等充当最早的实物货币。但也许很多人都知道，流通较广的古代实物货币是“贝”。海贝可做颈饰，有使用价值，便于携带与计数，因此在长期商品交换中被选为主要货币。在考古发掘中，曾于夏朝遗址中发现了大量天然贝，而贝作为实物货币也一直沿用到春秋时期。我国是世界上最早使用金属货币的国家，早在3000年前的殷商晚期，我国就开始使用铸币、铜币等金属货币了。

金属货币慢慢发展到元代，就演变成纸币。据有关历史记载，元代曾铸行过少量铜钱，但主要流通的货币是纸币。元代的纸币被人们称为“钞”。到了明朝，朱元璋推行纸币政策，发行了“大明宝钞”与铜钱并用。但由于大明宝钞不定发行限额，也没有准备金，很快就导致通货膨胀，故明中叶嘉靖年后，宝钞已不能通行，民间主要用白银和铜钱。清朝后期，银锭开始向银元转化。清代也发行纸币，纸币品种复杂，有官钞和私钞之分，官钞即由官府金融机构发行，私钞由民间金融机构发行；纸钞又可分铜钱票（可兑换方孔铜钱）、铜元票（可兑换铜元）、银两票（可兑换白银）、银元票（可兑换银元）四种。

正确认识金钱

众所周知，金钱在人们的生活中具有非常重要的作用，它是人们用来交换生活物资、保障生存的一种交易工具。查尔斯·兰姆有一句名言：“金钱是能让我们去除了天堂以外的任何地方的一份护照；同时，它也能向我们提供除了幸福以外的任何东西。”然而，金钱虽重要，我们也必须意识到“水能载舟，亦能覆舟”的道理。

合法、合理地去赚取、运用金钱，有助于提高个人、家庭的生活品质，有利于促进公共建设、社会进步、国力强盛，甚至可以增进全人类的福祉。然而，若过度追求财富和物质享受，也可能会导致人为物役、人为财死的恶果，甚至是贪污渎职、强取豪夺，小则身败名裂，大则影响整个社会的风气和整体的发展。因此，在如今越来越富裕、越来越开放的社会中，该如何以正确的态度去追求和处理金钱，是值得我们深思的课题。

2．货币只能用来买东西

我们都知道，金钱是人们生活的物质基础，具有非常重要的作用，有了钱，我们才可以用它交换到生活中所需要的物品或服务。在这里，钱所体现出的是它的“交换”职能。然而，“交换”仅仅是货币一方面的职能。那么，货币还有哪些职能呢？

货币的价值尺度

何为“价值尺度”？即货币是充当表现和衡量其他一切商品价值的尺度。商品价值取决于什么？答案是，取决于它所包含的社会必要劳动时间的长短。在这里，社会必要劳动时间就是商品价值的内在尺度。但在商品经济条件下，商品价值量的大小无法用劳动时间来直接表现，而只能通过作为价值代表的货币来表现。由此可见，货币执行价值尺度的职能，实际上是充当商品价值的外在价值尺度。而通过一定数量的货币表现出来的商品价值，就是商品的价格。换句话说，价格是价值的货币表现。

货币的流通手段

货币的另一职能，即流通手段。流通手段，是指货币在商品流通中充当交换媒介的职能，也就是我们最为熟悉的职能。在货币出现之前，商品交换是物与物的直接交换，即商品与商品之间的交换；货币出现后，商品交换就通过货币这个媒介来进行，交换的路径是“商品—货币—商品”。在这里，货币在两种商品交换关系中起着媒介的作用，执行着流通手段的职能。

货币作为流通手段，一方面克服了物物交换中存在的困难，另一方面也加深了商品经济的内在矛盾。以货币为媒介的商品交换使交换分成买和卖两个独立的行为。

货币的贮藏手段

货币的贮藏手段，指的是货币退出流通领域作为社会财富的一般代表被保存起来的职能。货币作为贮藏手段能够自发地调节流通中的货币量。当流通中需要的货币量减少时，多余的货币就退出流通；当流通中需要的货币量增加时，部分被贮存的货币就进入流通。充当贮藏手段的货币，必须是实在的足值的金银货币，只有金银铸币或金银条块才能发挥货币的贮藏手段职能。

需要指出的一点是：纸币有储存手段（在银行或其他金融机构）的职能，而不具备贮藏手段的职能。只有在纸币币值长期保持稳定的条件下，人们才会贮藏纸币。

货币的支付手段

货币的支付手段，指的是货币在清偿债务时所执行的职能。在交换商品的过程中，可以不使用现款，而采用赊账的方式，到一定时期后再付现款。这种先购买、后支付的方式，使得卖者成为债权人，买者成为债务人。而到了约定的期限后，买者需要以货币清偿对卖者的债务。在这里，货币就起着支付手段的职能。货币作为支付手段先是在商品流通的范围内，后来扩展到商品流通领域之外。

支付手段是在价值尺度和流通手段的基础上进一步产生的。首先，货币作为价值尺度才能使商品与货币相交换；然后，货币作为流通手段才能产生商品买和卖的行为；只有在买卖进一步发展的情况下，才会出现买卖商品时的赊销方式，支付手段的职能才会产生；为了到期支付，必须进行货币贮藏。可见，支付手段必须以价值尺度、流通手段、贮藏手段的存在为前提。

世界货币

货币在世界市场作为一般等价物发挥作用时，我们称其为世界货币。作为世界货币，必须有十足价值，并且是贵金属，按其实际重量来发挥这个职能。实际上，发挥世界货币职能的就是金和银，纸币不能充当世界货币。

3．无规矩不成方圆，货币也有它的制度

俗话说："无规矩不成方圆。"做任何事情都要有规矩，懂规矩，守规矩。社会、生活的和谐有序离不开法律法规及各种制度的约束；同样，货币也有它的规矩，这个规矩就是货币制度。

所谓"货币制度"，指的是国家以法律的形式规定的货币流通结构和组织形式。这种货币制度，通常会随着商品经济的发展变化而不断发展演变。那么，货币制度包括哪几方面的要素呢?

货币材料的确定

货币制度的基础条件之一，是要有明确的货币材料。也就是说，确定用什么金属作为货币材料是建立货币制度的首要步骤。通常来说，可以充当币材的商品，必须具备价值高、易分割、耐磨损、抗腐蚀、易携带等多方面特点。世界上许多国家曾经长期以金属作为货币材料，后来演变为我们今天使用的纸币。一般来说，什么样的商品被确定为币材，我们就称相应的货币制度为该种商品的本位制，比如历史上的"金本位制""银本位制"都是因此而得名的。

货币单位的规定

货币单位也是货币制度的构成要素之一。规定货币单位一般包含两

个方面：一是规定货币单位的名称；二是规定货币单位的值。比如，在金属货币制度的条件下，货币单位的值是每个货币单位所包含的金属量。如此规定了货币单位及其等份，就有了统一的价格标准，从而可使货币更准确地发挥其计价流通的作用。当代，世界范围流通的都是信用货币，货币单位的值的确定，就同如何维持本国货币与外国货币的比价有着直接关系。

通货的铸造、发行与流通的规定

所谓“通货”，指的就是流通中的货币，它主要包括本位币和辅币。本位币，人们也称其为“主币”，是按照国家规定的货币单位所铸成的铸币；而辅币是主币以下的小额通货，主要用于日常零星小额的支付。本位币，是用国家规定的货币材料、按照国家规定的货币单位铸造的货币；辅币一般用贱金属铸造，其所包含的实际价值低于名义价值，但国家以法令形式将其规定在一定限额内。本位币和辅币的发行权都集中于中央银行或政府指定的机构。

货币法定支付偿还能力的规定

货币法定支付偿还能力分为无限法偿和有限法偿两种。无限法偿指的是，不论用于何种支付，不论支付数额有多大，对方均不得拒绝接受；而有限法偿，即在一次支付中有法定支付限额的限制，若超过限额，对方可以拒绝接受。在金属货币制度下，一般而言主币具有无限法偿能力，辅币则是有限法偿。在信用货币制度条件下，国家对各种货币形式支付能力的规定不是十分明确和绝对。

黄金储备制度

黄金储备制度亦称金准备制度，是指国家规定的黄金储备保管机构和管理黄金的制度。大多数国家的黄金储备，都集中由中央银行和国家财政部负责管理。在金属货币流通的条件下，黄金储备主要发挥着三个方面的重要作用：第一，作为国际支付手段的准备金，也就是作为世界货币的准备金；第二，作为时而扩大、时而收缩的国内金属货币流通的准备金；第三，作为支付存款和兑换银行券的准备金。在当前世界各国已无金属货币流通的情况下，纸币不再兑换黄金，金准备的后两项作用已消失，但黄金作为国际支付的准备金的作用仍然存在，各国也都储备一定量的黄金作为准备金。值得一提的是，如今金准备制度大部分功用已为外汇准备制度所取代。

4. 从经济角度解读，我们需要多少钱

在当今这个物欲横流的时代，人们都明白钱的重要性。每个人都需要钱，可是不是钱越多就一定越好呢？即便是，这也仅仅是人们对于钱的一种心理需求。这里要介绍的“货币需求”，指的是货币的有效需求，具体是指，经济主体（如居民、企业和单位等）在特定利率下能够并愿意以货币形式持有的数量。它是一种经济需求，是由货币需求能力和货币需求愿望共同决定的一种有效需求，是一种客观的需求。

货币需求的分类

①交易性货币需求

指的是经济主体为了交易的目的而形成的对货币的需求。简单来说，居民和企业为了方便进行交易活动就必须持有一定的货币量，而这方面的需求是由收入水平和利率水平共同作用的。

②预防性货币需求

指的是人们为了防范风险或预防意外事故的发生而形成的对货币的需求。这种需求与利息率有密切的关系。当利率较低的时候，货币持有

的成本低，人们就会持有较多的货币以预防意外事件的发生；当市场利率足够高的时候，人们可能试图承担预防性货币减少的风险，将这种货币的一部分作为投资成本，以期获得较高的利息。

③投机性货币需求

指的是由于未来利息率的未知和不确定，人们为了避免资金损失或增加资本利息，及时调整资产结构而形成的货币需求。

④安全需求

指的是除了银行以外的金融机构，为了进行不可预知的交易而需要的流动性所形成的货币需求。有这方面需求的原因是，经济主体对未来的状况不确定或不能准确预知。收入越高，安全需求的实际范围就越大，即可预见的交易数额越大。

影响货币需求的因素

①收入状况

收入状况水平是决定货币需求的主要因素，而这一因素具体又可以分为收入水平和收入差距两个方面。在一般情况下，货币需求量与收入水平成正比，当居民、企业等经济主体的收入增加时，他们对货币的需求也会增加；而当其收入减少时，他们对货币的需求也会减少。

②消费倾向

消费倾向也是影响货币需求的一大重要因素，它指的是消费支出在收入中所占的比重。在这里，我们假设人们的支出倾向只有消费和储蓄两种，那么，与消费倾向相对应的就是储蓄倾向。在一般情况下，消费倾向与货币需求变动的方向一致，即消费倾向大，货币需求量也大；反之亦然。

③利率水平

在市场经济中，利率是调节经济活动的重要工具。在一般情况下，利率上升，货币需求会相应减少，因为此时人们会加大投资力度以期获得更高的利息；而利率下降，货币需求就会相应增加。可见，利率与货币需求成负相关关系。

④信用制度是否健全

如果一个社会信用较为发达、信用制度较为健全，人们在需要货币的时候能容易地获得资金或贷款，那么整个社会所必需的货币量相对于信用不发达、信用制度不健全的社会所必需的货币量就会少一些。

⑤货币流通速度、社会商品可供量、物价水平

这三个因素对货币需求的影响可用货币流通规律说明。具体是指，若以M代表货币需求量，P代表物价水平，Q代表社会商品可供量，V代表货币流通速度，则根据货币流通规律有如下公式：M=PQ/V。可见，物价水平和社会商品可供量同货币需求成正比；货币流通速度同货币需求成反比。

5．“劣币驱逐良币”，货币具有排他性

美国加州大学经济学教授阿克洛夫曾讲过一个形象的案例：在一个二手车市场中，二手车从表面看似乎差不多，可实际上却是良莠不齐。卖方清楚自己车的质量，但买方却一无所知。假设在此市场中，最好的二手车价格为50万美元，也许买方仅仅愿意出一半的价格来买一辆他不清楚质量的车，也就是25万美元。那么，自然而然的，价值在25万美元以上的好车车主就会逐渐地退出这一市场。这样一来，买方会判断剩下的都是质量不好的车，出价就会低于25万美元。这种情况下，市场就会逐渐进入一个恶性循环状态，好车也会越来越少。

那么，为什么质量较差的车反而留在了市场，质量较好的车却退出市场了呢？其实，这其中“劣币驱逐良币”的规律就起到了一定的作用。

“劣币驱逐良币”

人们对它的解释是“劣币驱逐良币”，是指当一个国家同时流通两种实际价值不同而法定比价不变的货币时，实际价值高的货币（良币）必然要被熔化、收藏或输出而退出流通领域，而实际价值低的货币（劣币）反而充斥市场。

在16世纪的英国，铸造的货币以贵金属作为币材。然而，当币材的需求大于贵金属的供给时，就不得不在新铸造的货币之中加入其他金属成分，故当时市场上就有两种货币，一种是原先不含杂质的货币，也就是良币；另一种是被加入其他金属的货币，也就是劣币。尽管两种货币在法律上的价值相等，但人们却有办法加以辨认，并且懂得储存不含杂质的货币，而将掺有杂质的货币拿去交易流通。故市面上的良币渐渐被储存而减少流通，市面上就只剩下劣币在交易。这就是“劣币驱逐良币”的由来。这一现象最早被英国的财政大臣格雷欣所发现，故称之为“格雷欣法则”。

6．赚了？小心中招“货币幻觉”

假设老王和老张各自花40万元买了一套房子，然后准备转手卖掉。老王卖房子的时候，恰好碰上了25%的贬值率——商品和服务均降价25%，结果老王的房子只卖了30.8万元，比买价低了23%。而老张卖房子的时候，物价刚好上涨了25%，结果房子卖了59.2万元，比买房时候的价格高了23%。乍一看上去，老王似乎吃了很大的亏。然而，人们有所不知的是，实际上老王要比老张赚得多，因为如果把通货膨胀的因素考虑进去，老王所得的钱的实际购买力增加了20%。这就是我们下面要说的“货币幻觉”。

“货币幻觉”

美国经济学家欧文·费雪于1928年提出“货币幻觉”一词，它指的是货币政策的通货膨胀效应。具体而言，它是指人们通常只对货币的名义价值做出反应，而忽视其实际购买力变化的一种心理错觉。换言之，人们关注的总是银行账户里金钱的绝对值，而不是它的实际购买力。随着时间的流逝，货币购买力将主要根据物价通胀（或通缩）水平进行变化，但不少人因对金钱认知不足而往往没有意识到这一点。

因此，“货币幻觉”效应告诉人们，消费或进行投资的时候不应该只把目光盯在某种商品的价格上，不应该只考虑价格升了或降了，花的钱多了或少了，而应更多地考虑和研究货币的购买力、货币的潜在价值还有哪些，等等。只有这样，才能真正做到精打细算，花多少钱办多少事。否则，在“货币幻觉”的影响下，即便再怎么精打细算的人，到最后也只会发现自己其实是吃亏了。

投资的时候如何避免“货币幻觉”

投资者要想避免“货币幻觉”，需要掌握一个基本原则——了解投入资金的真实回报，也就是要把通胀因素考虑进去。我们假设通胀率为3%，而投资回报为5%，那么实际回报率则只有2%。通胀随着时间的流逝而削弱购买力，因此对抗通胀的最佳方法就是——投资可提供高于通胀的实际回报的资产。

在利率较低的情况下，将资金进行储蓄或者投放于货币基金市场也许无法产生足以抵消通货膨胀的收益。尽管如此，从大多数经济和股市低迷时期出现的“避险”热潮中可以看出，不少投资者似乎更在意名义风险而非实际风险。此时，股价可能已经大幅探底，但投资者依然抛售股票，然后把资金用于购买国债等安全资产。然而，资产的确安全了，但回报率却无法抵消通胀的影响，采取这种保守策略可能要承担购买力下降的风险。

再假设，当前利率虽然较低，但并未进入彻底通缩期，不少资深的投资者认为目前持有现金以及投资国债面临着实际回报为负值的风险。于是，许多投资者会选择提高风险水平，在收益较高的房地产、债券市场中谋求实际回报。

同时，可以考虑将盈余资金转移到实际回报有望超过通胀的资产中，比如股票。股票具备诱人的抗通胀特性，因为许多公司能够将物价的上涨转嫁给消费者，以保护其利润和股息。

7. 今非昔比的一元钱——货币的时间价值

假设你和一个朋友路过一家蛋糕店，一块蛋糕 10 块钱，你身上刚好只有 10 块钱，而你的朋友身无分文。你的朋友向你借了 10 块钱用来买蛋糕自己享用，并答应下个星期归还。那么，问题来了，你的朋友下个星期应归还你多少钱呢？还是 10 块钱吗？

当然，为了维护彼此的友谊，你也许只会让你朋友下周还你 10 块钱。可是，我不得不告诉你，也许你将会吃亏。原因是，由于货币时间价值的存在，此时此刻的 10 块钱并不等于下个星期的 10 块钱。

货币的时间价值

关于货币的时间价值，经济学家给出的定义是：当前所持有的一定量货币比未来获得的等量货币具有更高的价值。通俗来说，是指人们当前拥有的货币要比未来收到的同样金额的货币具有更大的价值，因此当前拥有的货币可以进行投资、复利。即使有通货膨胀的影响，只要存在投资机会，货币的现值就一定会大于它的未来价值。正如本杰明·弗兰克所说：“钱生钱，并且所生之钱会生出更多的钱。”这就是货币时间价值的本质。所以，现在明白了吗？在上面的例子中，如果朋友下周只是还你 10 块钱，你将会吃一定的亏。

货币时间价值产生的原因

货币时间价值的存在，主要有以下三个方面的原因：

首先，货币时间价值体现了社会资源的稀缺。众所周知，经济发展必然会消耗一定的社会资源，而现存的社会财富是由现有的社会资源所构成的，利用现有的社会资源所创造出来的物质或文化产品就会构成将来的社会财富。但是，社会资源具有稀缺性，它是会越用越少的，所以当前社会产品所产生的效用将会高于未来产品的效用。在货币经济条件下，货币是商品的价值体现，当前的货币用于支配当前的商品，将来的货币用于支配将来的商品，所以当前货币的价值自然高于未来货币的价值。市场利息率是对平均经济增长和社会资源稀缺性的反映，也是衡量货币时间价值的标准。

其次，货币时间价值是信用货币制度下流通中货币的固有特征。我们需要知道的是，在当前的信用货币制度下，流通中的货币由中央银行基础货币和商业银行体系派生存款共同构成。由于信用货币有增加的趋势，所以通货膨胀、货币贬值成为一种普遍现象，现有货币也总是在价值上高于未来货币。市场利息率是可贷资金状况和通货膨胀水平的反映，反映了货币价值随时间的推移而不断降低的程度。

最后，货币时间价值反映出人们的认知心理。人的认知具有一定的局限性，总是对现存事物有更强的感知能力，而对未来事物的认识则较为模糊，因此人们存在一种普遍的心理，就是比起未来，会更重视当下。当前的货币能够支配当前商品满足人们的现实需要，而将来货币只能支配将来商品满足人们将来的不确定需要，所以当前单位货币的价值要高于未来单位货币的价值。为使人们放弃当前货币及其价值，必须付出一定代价，而利息率便是这一代价。

8．M0、M1、M2，货币供应量的 3M 层次

我们先来看一则报道：2013 年 3 月 10 日，中国中央银行发布的初步统计数据显示，2013 年 2 月份新增贷款 6200 亿元，同月底，我国的货币供应量余额达到 99.86 万亿，逼近 100 万亿大关，居世界第一。

对于以上这类消息，相信人们经常可以在电视新闻或者金融周刊上看到，但是或许大多数人都未能真正理解其中之意。比如，什么是“货币供应量”？“货币供应量”有哪些层次？

“货币供应量”及其层次划分

关于货币供应量，人们做出的解释是：一个国家或地区在某一时点上为社会经济运转服务的货币存量，它由包括中央银行在内的金融机构供应的存款货币和现金货币两部分构成。

货币供应量是有层次之分的，中央银行一般根据宏观监测和宏观调控的需要，根据流动性的大小将货币供应量划分为不同的层次。这种层次，也就是我们经常听到的 M0、M1 和 M2。

M0，指代的是流通中的货币，它具体是指单位库存现金和居民手持现金之和。这里的“单位”，指的是银行体系以外的企业、机关、团体、部队、学校等单位。

M1，通常被称作狭义上的货币供应量，它指银行体系以外的通货与商业银行的活期存款的总额。也就是说，M1=M0+ 活期存款。

M2，指银行体系以外的流通中的货币与商业银行体系各种存款的总和，是较为广义的货币供应量。这里的“商业银行体系各种存款”指的是活期存款、定期存款等。

在我国，M0、M1、M2 可以用以下等式来描述：

M0= 流通中的现金；

M1=M0+ 企业活期存款 + 机关团体部队存款 + 农村存款 + 个人持有的信用卡类存款；

M2=M1+ 城乡居民储蓄存款 + 企业存款中具有定期性质的存款 + 外币存款 + 信托类存款。

你是否了解 M0、M1 和 M2

在货币供应量的三个层次中，M0 与消费密切相关，M0 数值高则可以说明居民较为富裕，生活水平较高；M1 反映居民和企业资金松紧变化，是经济周期波动的现行指标，流动性仅次于 M0；M2 的流动性较弱，反映的是社会总需求的变化和未来通货膨胀的压力状况。

如果 M1 的增速大于 M2，意味着企业的活期存款增速大于其定期存款增速，也就是说，企业和居民的交易较为活跃，微观个体的盈利能力在上升。如果 M1 增速小于 M2，意味着企业和居民的交易较弱，他们选择将资金以定期的形式存在银行，微观个体盈利能力下降，未来可选择的投资渠道有限，多余的资金开始从实体经济中沉淀下来，经济运行呈下滑状态。如果 M1 和 M2 的数值出现背离，则可以说明，居民的货币资产存量增速大于企业的货币资产存量增速。通常，一国的中央银行会根据这三个指标的大小和变化来判断社会的货币供应量是否合适，从而调整相关的货币政策。

9．货币贬值，口袋里的钱在缩水

莱曼特有这样一句名言：“有了金钱就能在这个世界上做很多事，唯有青春却无法用金钱来购买。”这句话在强调青春可贵的同时，也说出了金钱的重要性。人们深有体会，金钱是人们生活的物质基础，每个人都需要用金钱去换取自己所需要的物质或服务，但钱是不是真的越多越好呢?

货币贬值，钱越多不一定越好

货币贬值，也称为通货贬值，指单位货币所含有的价值或所代表的价值的下降，即单位货币价格下降。举个简单的例子，假设在二三十年前，人们可以用 50 元兑换 10 克黄金，则 1 元纸币含金量为 0.2 克；而到了今天，人们也许需要花 500 元去兑换 10 克黄金，1 元纸币含金量则为 0.02 克（此处举例为假设，非准确数据）。这里可以看出，纸币的实际价值降低了。这就是货币贬值。

造成货币贬值的原因

一般而言，货币贬值的原因有以下几种情况：

第一，拥有过多的债务。在经济环境处于正常的情况下，投资者会基于关键宏观因素来确定货币价值。然而，拥有过多债务的国家经常出现货币贬值的情况，因此被投资者视为风险过大。债务过多会致使国家预算中用以支付利息部分的比例过大，不利于生产力的发展。而国家信用评级也会因债务过多而受损，结果借款利率提高，借款成本进一步增加，给经济发展造成更大程度的危害。一个有着大量债务的国家还可能通过货币贬值降低债务的实际价值。

第二，中央银行业务。一国的中央银行掌握着自己国家的铸币权，并且持有一定数额的外汇储备。世界中央银行持有数额较大的外汇储备，并且根据未来发展趋势加以调控。大多数中央银行在货币政策方面负有两项任务，即发展本国经济和控制通货膨胀，而实现该目标的方法主要是通过控制货币流通的数量。例如，中央银行通过降低利率或减少银行储备，可以让市场上流通更多货币。但根据供求关系的原理，增加货币供应量就会相应降低货币价值。

第三，经济的增长和中央银行的政策。在评估一国货币的购买力时，投资者会对一个国家的经济增长进行充分考虑。如果未来经济增长趋势不太好，或者已经进入衰退期，投资者会认为该国中央银行将会实施增加货币流动性的政策以刺激经济。低利率导致借款成本降低并且增加经济活跃度。因此，经济放缓会导致宽松的货币政策，也意味着货币贬值。

第四，货币危机。当投资者对一国的经济或货币政策失去信心时，通常是因为拖欠国债而引起的。在危机期间，货币持有者竞相出售货币。近代比较典型的经济危机是1994年的拉美危机、1997年的亚洲危机和2000年以后的津巴布韦危机。

货币贬值会造成的后果

首先，从国内的范围看，货币贬值容易引起物价上涨；但是，从世界范围看，由于货币贬值在一定条件下能刺激生产，并且降低本国商品在国外的价格，因此货币贬值可能有利于扩大出口和减少进口。

其次，汇率工具常用于调节一国国际收支失衡，因此各国政府都希望使用汇率工具使失衡的国际收支恢复平衡，特别是当一国国际收支出现赤字，也就是支出大于收入时，多使用本币贬值的政策以期增加出口额，同时减少进口额。然而，必须指出的一点是，货币贬值有些时候并不能调节国际收支，反而可能会加大一国的国际收支赤字。

10．货币扩张，是生财有道还是风险冒进

提到货币扩张，也许人们会想起目前世界上最大的经济体——美国，因为美国在货币扩张方面可谓生财有道。

如何生财呢？美国政府采取的是发行国库券的做法，也就是指在特定日期支付特定金额的一种支付承诺。比如发行价值100万美元的债券，投资者以货币进行投资购入债券，以获得债券利息为回报。而美联储印

刷价值100万美元的支票，作为应付款项给美国政府，该支票就是销售债券的进款。

货币扩张

货币扩张在经济学上的定义是指中央银行、商业银行和非银行（机构或个人）通过信贷关系共同作用，使得在银行体系内流通的货币量扩大的金融行为，通常也被称作货币创造。如今，对货币扩张的控制是中央银行的主要任务之一。

值得一提的是，有专家指出，不是所有的流通货币都需要有货币现金、实物资产或政府资产作为后盾。一国的货币是以国家的经济潜力或政府的法定货币法令作为后盾的，这种潜力也成为政府发行货币的理论上限。

何为货币扩张乘数

所谓“货币扩张乘数”，人们通常也称之为“货币乘数”或“货币扩张系数”，是指在基础货币的基础上，货币供给量通过商业银行的创造存款货币功能产生派生存款的作用所产生的信用扩张倍数，是货币供给扩张的倍数。

货币扩张乘数主要由“通货—存款比率”和“准备—存款比率”决定。所谓“通货—存款比率”是指流通中的货币与商业银行活期存款的比率，该比率的变化反向作用于货币供给量的变动，也就是说，“通货—存款比率”越高，货币乘数越小；“通货—存款”比率越低，货币乘数越大。而“准备—存款比率”是指商业银行持有的总准备金与存款之比，同样地，“准备—存款比率”与货币乘数有着反方向变动的关系。

货币扩张的影响

2003年以来，货币扩张的速度加快，使得货币迅速增长，这对整个社会风险资产产生了一定的影响。中央银行为了抵抗外汇对国内货币的冲击，实施了发行中央银行票据（中央银行债券）、提高准备金率等政策。我们都知道，中央银行票据和准备金都是商业银行的资产，具有安全性很高但回报率很低的特点。如果这样的资产规模越来越大，则可能会导致信贷冲动越来越大，如此一来，私营机构在资产配置方面就会越来越倾向于风险资产。因此，自2003年货币扩张以来，房地产泡沫问题开始出现。

除此以外，货币扩张可能会导致外汇资产分布不平衡。如果外汇储备很大，但是私营机构对外实际上是净负债的，这在将来会对经常项目、资本流动、人民币汇率估值等产生一定的影响。

第三章
「财富的集散地」
——学金融必知的金融机构常识

1. 金融系统的神经中枢——中央银行

中央银行简称“央行”，是国家最高的货币金融管理组织机构，在各国金融体系中居于主导地位。国家赋予了中央银行制定和执行货币政策的权力，它可对国民经济进行宏观调控，对其他金融机构乃至金融业进行监督管理，地位十分重要和特殊。

中央银行的主要职能

①印刷钞票

在人民币上，你可以看到“中国人民银行”这几个字，这代表着发行货币的是中央银行。我国的法律明文规定：“任何单位和个人不得印制、发售代币票券以代替人民币流通。”也就是说，无论是纸币、硬币，还是主币、辅币，都统一集中由中国人民银行发行，因为中国人民银行具有垄断的货币发行权。

②管理银行

中央银行是商业银行和其他金融机构的“最后贷款人”，它只接受银行的存款，也只对银行进行贷款。商业银行在需要资金时可以向中央银行借，也就是说，当出现资金短缺危机时，中央银行就是商业银行最后的救命稻草了。因此，中央银行不与公众或者公司直接打交道，这也是我们在生活中看不到中央银行服务网点的原因。

作为商业银行的上级机关，中央银行还可以随时对商业银行的经营进行检查。如果商业银行严重违法，中央银行可以吊销其营业执照。

③调控经济

在宏观经济的调控方面，中央银行会运用一般性政策工具对货币和信用进行调节和控制。而人们常说的中央银行调控经济的“三大法宝”，就是公开市场操作、调整利率（包括贴现率）以及调整存款准备金率。

我们可以举个例子来说明：当经济过热时，中央银行会通过提高利率、提高存款准备金率或者发售国债来减少流通中的钞票数量，降低市场流动性；当经济衰退时，中央银行又会通过降低利率、降低存款准备金率或者收购国债来增加流通中的钞票数量，提高市场流动性。总之，中央银行的调控能够为经济的不断成长和国家财富的不断增加保驾护航。

④代表国家

中央银行是国家政府管理国家金融的专门机构，直接为政府提供服务。这具体体现在以下几方面：按国家预算要求代收国库库款、拨付财政支出、向财政部门反映预算收支执行情况等；发行政府债券，办理债券到期还本付息业务；为政府融通资金以解决政府临时资金需要；为国家持有和经营管理国际储备，国际储备包括外汇、黄金、在国际货币基金组织中的储备头寸、国际货币基金组织分配的尚未动用的特别提款权等。

中央银行的主要业务

中央银行为各银行提供支付处理服务，结算大额和零售支付交易；其电子联行系统还负责处理异地跨行支付和行内大额异地支付交易；中央银行各级分支机构为商业银行各级分支机构提供结算账户服务。此外，还为一些政府机关、事业团体开设结算账户，提供支付服务。

另外，由于信贷政策是宏观经济政策的重要组成部分，中央银行会根据国家宏观调控和产业政策要求，对金融机构信贷总量和投向实施引导、调控和监督，促使信贷投向不断优化，实现信贷资金优化配置并促进经济结构调整。

除此之外，中央银行的主要业务还有集中存款准备金、再贴现、证券、黄金占款和外汇占款等。

作为金融系统的“神经中枢”，中央银行所从事的业务不是为了营利，而是为了实现国家宏观经济目标服务，这是中央银行与其他金融机构所从事业务的根本区别，也体现了中央银行的特殊地位和性质。

中央银行存有独立性的必要性和意义

①遏制通货膨胀

大量研究表明，一个国家通货膨胀率的高低与其中央银行的独立性强弱有着密切的关系，中央银行受到政府操纵的国家，其平均通货膨胀率要比中央银行具有高度独立性的国家高。比如，德国和瑞士的中央银行独立性非常高，其平均通货膨胀率为 3.1% ；而澳大利亚和新西兰的中央银行独立性比较低，其平均通货膨胀率则为 7.5%。这是因为政府在执行经济政策时，比较看重短期利益，容易扩大财政支出、加大政府消费和公共投资，从而制造了通货膨胀的压力。

②提高信誉度和透明度

按照货币经济学理论，如果国家政府对中央银行在制定货币金融政策过程中进行了不正确干预，那就会造成动态不一致的后果，导致整个经济陷入困境。所谓“动态不一致”，简单来说，是指政策当局在现阶段制定的适用于未来某个时期的政策，当未来的某个时期到来时，政策已非最优选择。但是中央银行其自身具有高专业性和高技术性，旗下的管理人员也具有制定货币金融政策、调节货币流通的经验，所以当中央银行拥有了制定政策的独立性后，就能避免政府的不正确干预，从而提高中央银行的信誉度和制定政策的透明度，促进经济健康发展。

③稳定经济和金融

在经济和金融政策上，由于国家政府和中央银行的地位不同，所以在考虑的侧重点上也会有差异。政府往往关注就业、社会保障等社会问题，所以会推行赤字财政政策以刺激有效需求和增加就业，这样下来就会导致通货膨胀；而中央银行通常会考虑货币稳定的经济问题，如果市场银根偏松，中央银行就会采取紧缩货币政策、提高利率的措施来降低通货膨胀的风险。所以，让中央银行具有独立实施金融监管的权力，能够有效降低金融系统的风险，提高金融系统的运行效率。尤其是在美国金融危机后，这一点逐渐被越来越多的国家所认同。

如何看待中央银行独立性

从立法方面看，大多数西方国家的中央银行法都明确赋予中央银行以法定职责，或赋予中央银行在制定或执行货币政策方面享有相当的独立性。比如德国《联邦银行法》规定：德意志联邦银行为了完成本身使命，必须支持政府的一般经济政策，在执行本法授予的职权时，不受政府指示的干涉。所以，在《联邦银行法》的规定下，在再贴现、准备金政策、公开市场政策等方面，联邦银行都可以独立做出决定，它的权力是非常广泛的。

从任命中央银行的理事和总裁来看，政府是中央银行唯一的或主要的股东，所以政府一般拥有任命中央银行理事或总裁的权力。但是各个国家的具体情况又有所差异，这主要体现为政府在中央银行中是否派有代表参加或代表的权限有多大。比如英国、美国、荷兰、奥地利，这些国家在中央银行中设有政府代表，但不过问中央银行政策的制定；又比如德国、日本，这些国家在中央银行的代表具有发言权、投票权、否决权以及暂缓执行权。

所以，总的来说，中央银行是不能缺少独立性的，但它也不能撇开政府过分独立，最理想的关系应是在两者之间找到一种微妙的平衡，并且应保持紧密的合作，使国家的经济政策与货币政策密切相关，共同促使国家经济健康稳定地发展。

2．资本市场的金融中介——投资银行

投资银行作为资本市场上的主要金融中介，主要从事证券发行、承销、交易、企业重组、兼并与收购、投资分析、风险投资、项目融资等业务，是一种投资性的非银行金融机构。

在大多数人的印象里，“银行”都是接受存款、发放贷款的机构，但投资银行却并非如此。尽管它也被称为“银行”，但与传统意义上的银行有着很大不同。甚至可以说，投资银行已经脱离了“银行”的范畴，它更应该是一种专业的证券机构，主要通过经营直接融资业务来取得利润。

投资银行的来源

1929年，美国发生了大股灾。在这之后的1933年，美国联邦政府认为银行的投资业务有较高的风险，于是出台了《格拉斯·斯蒂格尔法案》，禁止商业银行利用储户的资金参与投资业务。因此，一大批综合性银行被迫分解为商业银行和投资银行，其中最典型的例子就是摩根银行被分解为从事商业银行业务的“摩根大通”，以及从事投资银行业务的“摩根士丹利”。然而，欧洲的情况却与美国不同。欧洲的投资银行业务一般都是由商业银行来完成的，这些国家并没有颁布分拆综合银行的法令，所以就形成了许多所谓的“全能银行”和“商人银行”，比如德意志银行、荷兰银行、瑞士银行、瑞士信贷银行等。

除了上述从综合银行中分离出来的投资银行外，投资银行还有另外一种来源，就是由证券经纪人发展而来，比如美林证券等。

投资银行的主要盈利模式

①发行股票

投资银行最常见的业务之一就是发行股票，这也是最本源、最基础的业务活动。投资银行能够承销包括该国中央政府、地方政府、政府机构发行的债券，企业发行的股票和债券，外国政府和公司在该国和世界发行的证券，国际金融机构发行的证券等，范围可谓广大。发行股票能够为投资银行带来非常丰厚的利润，它一般要在该业务中抽取5%～10%的佣金。也就是说，如果客户要发行价值100亿美元的股票，投资银行就能从中获利5亿～10亿美元。

②企业并购

企业并购业务同样也是投资银行的盈利手段。投资银行可以用多种方式参与企业的并购活动，比如寻找兼并与收购的对象、向猎手公司和猎物公司提供有关买卖价格或非价格条款的咨询、帮助猎手公司制订并购计划或帮助猎物公司针对恶意的收购制订反收购计划、帮助安排资金融通和过桥贷款等。此外，并购中往往还包括"垃圾债券"的发行、公司改组和资产结构重组等活动。

并购业务因为其技术含量高、利润丰厚的特点，当之无愧地成为了投资银行的核心业务，而从事这一业务的银行家基本都是整个金融领域炙手可热的人物。近年来，欧美动辄发生价值几百亿甚至几千亿美元的超级兼并案，比如美国在线兼并时代华纳、沃达丰兼并曼内斯曼、惠普兼并康柏等，在这背后都有投资银行推波助澜。

我国证券公司的类型

其实，对于投资银行的划分和称呼，世界上各个国家都不完全一样。比如，美国的通俗称谓是投资银行，英国则称为商人银行。而在我国，一般将这样专营证券业务的金融机构称之为"证券公司"。

我国的证券公司可以分为三种类型：第一种是全国性的证券公司，

这种证券公司分为以银行系统为背景的证券公司，以及国务院直属或以国务院各部委为背景的信托投资公司；第二种是地区性的证券公司，主要是省市两级的专业证券公司和信托公司；第三种是民营性的证券公司。

以我国目前的情况来看，全国性证券公司和地区性证券公司因为拥有证券业务方面的国家特许经营权，所以在我国占据主要地位。而民营性证券公司主要是一些投资管理公司、财务顾问公司和资产管理公司等，它们绝大多数是从为客户提供管理咨询和投资顾问业务而发展起来的，也具有一定的资本实力，在企业并购、项目融资和金融创新方面具有很强的灵活性，正逐渐成为我国证券公司领域的一支中坚力量，发挥着重要的作用。

3．国家宏观管理的工具——政策性银行

政策性银行是指由政府发起、出资成立，为贯彻和配合政府特定经济政策和意图而进行融资和信用活动的机构。政策性银行不以营利为目的，专门为贯彻、配合政府的社会经济政策或意图，在特定的业务领域内，直接或间接地从事政策性融资活动，充当政府发展经济、促进社会进步、进行宏观经济管理的工具。

在国家的经济发展过程中，经常会有一些投资规模大、周期长、经济效益见效慢、资金回收时间长的项目，比如农业开发项目、重要基础设施建设项目等，所以从盈利的角度来说，一般的商业银行不愿意投资这些项目，而且其自身的资金实力也很难完成这些融资，但是这些项目对于国民经济发展、社会稳定具有十分重大的意义。因此，为了让这些项目正常开展，国家就设立了政策性银行来专门为这些项目进行融资。

我国的政策性银行

世界各国基本上都设有政策性银行，比如美国的进出口银行、联邦住房信贷银行体系，法国的农业信贷银行、对外贸易银行、土地信贷银行、国家信贷银行、中小企业设备信贷银行，日本著名的“二行九库”体系，包括输出入银行、开发银行、国民金融公库、北海道东北开发公库等。而我国的三大政策性银行分别是国家开发银行、中国进出口银行、中国农业发展银行。

①国家开发银行

1994 年 3 月 17 日，国家开发银行在北京成立，注册资本为 500 亿元人民币，主要承担国内开发型政策性金融业务。国家开发银行能够为国家基础设施、基础产业和支柱产业提供长期资金支持，引导社会资金投向，缓解经济发展瓶颈制约。其主要的业务领域和贷款支持重点是电力、公路、铁路、石油石化、煤炭、邮电通信、农林水利、公共基础设施等。

②中国进出口银行

1994 年 7 月 1 日，中国进出口银行在北京成立，注册资本为 33 亿元人民币，主要承担大型机电设备进出口融资业务。中国进出口银行的主要职责是贯彻执行国家产业政策、对外经贸政策、金融政策和外交政策，扩大中国机电产品、成套设备和高新技术产品出口，推动有比较优势的企业开展对外承包工程和境外投资，促进对外关系发展和国际经贸合作，提供政策性金融支持。近些年，中国进出口银行在“一带一路”（“丝绸之路经济带”和“21 世纪海上丝绸之路”的简称）沿线国家贷款数额超过 5200 亿元人民币。

③中国农业发展银行

1994 年 11 月 8 日，中国农业发展银行在北京成立，注册资本为 200 亿元人民币，主要承担农业政策性扶植业务。中国农业发展银行按照国家的法律、法规和方针、政策，以国家信用为基础，筹集农业政策性信贷资金，承担国家规定的农业政策性和经批准开办的涉农商业性金融业务，代理财政性支农资金的拨付，为农业和农村经济发展服务。

在现代市场经济条件下，政策性银行在优化资源配置、均衡经济增长、构建和谐社会方面发挥的功能是商业性银行无法替代的。政策性银行和商业性银行相互补充、相互配合，共同构成一个国家完整的、均衡的、稳定的、高效的、统一的金融体系。

设立政策性银行的意义

①完善金融体系

政策性银行自身特殊的性质决定了其融资领域一般是商业银行不愿涉足的，所以成立政策性银行可以弥补商业性融资的缺陷，完善金融体系的功能。

②诱导和牵制商业性资金的流向

政策性银行对商业性资金的作用主要体现在三个方面：一是通过自身的先行投资行为，给商业性金融机构指示了国家经济政策的导向和支持重心，从而消除商业性金融机构的疑虑，带动商业性资金参与；二是通过提供低息或贴息贷款来弥补项目投资利润低、无保证的不足，从而吸引商业性资金的参与；三是通过对基础行业或新兴行业的投入，可以突破经济发展的瓶颈或开辟新的市场，促使商业性资金的后续跟进。

③提供专业性的金融服务

政策性银行以其高度的专业性以及丰富的实践经验和专业技能吸引了大量精通业务的技术人员，从而能够为特定的行业或者领域提供专业性的金融服务。

4. 追求利润最大化——商业银行

商业银行是一种以营利为目的，以多种金融负债筹集资金、多种金融资产为经营对象，具有信用创造功能的金融机构。由商业银行的营利性质可知，它其实是一种信用授权的中介机构，从本质上来说是一种追求利润最大化的企业。

与中央银行不同，商业银行没有货币发行权，其主要业务集中在经营存款和贷款（放款）业务方面，即以较低的利率借入存款，以较高的利率放出贷款，存贷款之间的利差就是商业银行的主要利润。同时，在中央银行的领导下，商业银行也承担着信用创造和调节经济的作用。

我国商业银行的分类

一是国有商业银行，有中国银行、农业银行、工商银行、建设银行、交通银行共五家；二是股份制商业银行，有平安银行、中信银行、华夏银行、招商银行、光大银行、民生银行、浦发银行、渤海银行、广发银行、兴业银行、恒丰银行、浙商银行共 12 家；三是地方性商业银行，也就是各城市在本地原有城市信用社基础上重组改制建立的地区性商业银行，数量较多，一般大中城市都有，比如北京银行、上海银行等。我国的商业银行遍布全国，是国民经济发展不可或缺的部分。

商业银行的主要业务

虽然各个国家的商业银行在组织形式、组织名称、经营内容和经营重点上有所差别，但就其经营的主要业务来说，一般都是资产业务、负债业务以及中间业务。而随着银行业国际化的发展，这些业务还可以延伸为国际业务。

①资产业务

商业银行收入的主要来源就是资产业务，它主要分为放款业务和投资业务两大类。除了要留存部分准备金以外，商业银行吸收的存款全部可以用来贷款和投资。

贷款业务。贷款业务是指商业银行作为贷款人，以一定的利率和政策，以还本付息为条件，将一定数量的资金贷放给资金需要者，并约定期限归还的一种借贷行为。这是商业银行运用资金取得利润的主要途径，所以是核心资产业务。

证券投资业务。证券投资业务是商业银行将资金用于购买有价证券的活动，主要是通过证券市场买卖股票、债券进行投资。证券投资业务能够分散风险、保持流动性、合理避税和提高收益，投资对象按照发行人可以划分为政府证券（国库券、中期债券、长期债券）、政府机构证券（如国家专业投资公司、石油部、铁道部等发行的债券）、地方政府证券和公司证券四大类。

②负债业务

负债业务是商业银行的资金来源业务，是资产业务的前提和条件。总的来说，商业银行广义的负债业务主要包括自有资本和吸收外来资金两大部分。

资本金业务。这是指银行自身拥有的或者能永久支配的资金。简单来说，就是其业务活动的本钱，主要部分有成立时发行股票所筹集的股份资本、公积金以及未分配的利润。

存款业务。按照传统的存款划分方法，可以将存款业务分为活期存款、定期存款和储蓄存款；按照借款时间的不同，可分为短期借款和长期借款。

③中间业务

中间业务是指商业银行从事的按会计准则不列入资产负债表内，不影响其资产负债总额，但能影响银行当期损益、改变银行资产报酬率的经营活动。随着中间业务的大量增加，商业银行的非利息收入迅速增加。

中间业务主要包括以下几类：

一是商业银行提供的各类担保业务。主要包括贷款偿还担保、履约担保、票据承兑担保、备用信用证等。

二是贷款承诺业务。主要有贷款限额、透支限额、备用贷款承诺和循环贷款承诺等。

三是金融工具创新业务。主要包括金融期货、期权业务、货币及利率互换业务等。

四是传统中间业务。包括结算、代理、信托、租赁、保管、咨询等业务。

商业银行在整个金融体系乃至国民经济中有着十分重要的地位，它是中央银行货币政策的首要传递者，也是现代社会经济运转的枢纽之一。随着市场经济和全球经济一体化的不断发展，商业银行的功能也会越来越多元化，并承担起更加重要的责任。

5. 风险的保障者——保险公司

保险公司是经营保险业务、销售保险合约、提供风险保障的公司，也是采用公司组织形式的保险人。作为保险关系中的保险方，保险公司享有收取保险费、建立保险费基金的权利；而一旦发生保险事故时，保险公司也有义务赔偿被保险方的经济损失。

在我国，要成立保险公司不是一件容易事。首先，公司的注册资本就不得少于 2 亿元人民币，而且还要在注册资本里提取出保证金（仅限清偿债务使用），存入指定的银行。当公司不断发展、经营规模扩大时，还必须再追加资本金。其次，保险公司必须有健全的组织机构和管理制度，以及具备专业知识和业务经验的高级人员。这些规定看似严苛，但也在一定程度上保证了保险业的可靠性，提升了老百姓对保险公司的信任度。

保险公司提供的风险保障

我国目前的保险公司分为人寿保险公司和财产保险公司两种类型，分别提供人寿保险业务和财产保险业务。

①人寿保险

人寿保险，简称寿险，是以被保险人的寿命为保险标的，且以被保险人的生存或死亡为给付条件的人身保险。人寿保险能够将被保险人的生存或死亡的风险转嫁给保险人，接受保险人的条款并支付保险费。人寿保险可以划分为风险保障型人寿保险和投资理财型人寿保险。

②财产保险

财产保险是指投保人根据合同约定，向保险人交付保险费，保险人按保险合同的约定对所承保的财产及其相关利益因自然灾害或意外事故造成的损失承担赔偿责任的保险。但是，并非所有的财产及其相关利益都可以作为财产保险的保险标的，只有根据法律规定，符合财产保险合同要求的财产及其相关利益才能成为财产保险的保险标的。这里所说的“财产”，包括物质形态和非物质形态的财产及其相关利益。

保险公司的盈利模式

在不少人的认知中，保险公司的盈利模式是这样的：人们在一定时期内向保险公司缴纳一次或数次保险费，然后保险公司将大量客户缴纳的保险费收集起来，一旦发生保险事故，保险公司就支付约定的赔款。如果自始至终保险公司的赔款支出小于保险费收入，那么形成的差额自然就成为保险公司的“承保盈利”。

这种“承保盈利”的思维模式固然没错，但事实上，在世界范围内都很少有依靠“承保盈利”的保险公司。比如，美国财产和意外伤害保险公司的保险业务在 1998—2003 年五年就亏损了高达 23 亿美元。如此看来，靠单纯收取保费来谋求利润是不现实的，所以保险公司的主要盈利方式还是“投资盈利”。

“投资盈利”是指保险公司从收入保险费到支付赔款的这一段时间内，可以将保险基金进行投资以赚取盈利。比如，保险公司必须支付的赔款超出保费收入的10%，但是通过投资获得的回报是保费收入的20%，那么保险公司就会从中赚取10%的利润。所以，在这个过程中，保险公司要控制“赔款支出超过保险费收入”的百分比低于“投资收益”的百分比，这样保险公司才不会赔本。

保险公司的经营风险

①定价风险

定价风险是指保险公司定价过低带来的风险。在制定保险费率的时候，保险公司必须对投保风险概率进行精确的计算，如果保险费率定得过低，那保险公司就会入不敷出。

②承保质量风险

保险责任事故可以说是两个极端，要么发生，要么不发生。如果发生，那么保险公司就必须进行赔付，也就是说做了一桩“赔本”的买卖；而如果不发生，那么保险公司的成本几乎就是零。这种情况会让很多保险公司产生侥幸心理，从而产生承保质量风险。

③利率风险

利率风险是指利率波动给保险公司带来的风险。如果预定利率高于银行利率，就意味着保险公司寿险资金成本高于银行利率，这显然会挤压保险公司的利润。此外，利率的波动还会引起保险公司投资资产市场价值的下降，给保险公司带来不利影响。

保险公司作为一个特殊的金融机构，在通过聚集资金进行盈利的同时，也为无数投保人带来了实实在在的保障和利益。我们相信，随着社会的进步、经济的发展，保险公司会让人们抵御风险的能力大大提高。

6．百姓的金融好帮手——信用合作组织

信用合作组织，是为了使每个信用者充分发扬合作精神，按照自愿、平等、互利的原则，以联合组织的形式而设立的合作制金融组织。信用合作社的组织机关分为三种：一是社员大会，属于权力机关；二是理事会，属于执行机关；三是监事会，属于监察机关。

信用合作组织对我国城乡集体企业、个体工商业户和居民个人之间的资金融通起到了非常有利的作用，是对我国银行体系的必要补充和完善。

信用合作组织的种类

按照社员的职业、经济以及社会环境的差异，可以将信用合作组织分为农村信用合作社和城市信用合作社两大类。这两种信用合作社的构成和业务经营有着很大的不同。另外，还有一种储蓄信用合作社，在美国、加拿大等国比较常见，也可算作信用合作社的一种。

①农村信用合作社

农业生产者和小商品生产者对资金需要存在着季节性、零散、小数额、小规模的特点，但是从客观上来说，生产和流通的发展又必须解决资本不足的困难，于是就出现了这种以缴纳股金和存款的方式而建立起的互助自助的农村信用合作社。

因此，农村信用合作社的主要任务就是筹集农村闲散资金，引导农村资金流向，还要为农业、农民和农村经济发展提供金融服务，组织和调节农村基金，支持农业生产和农村综合发展，支持各种形式的合作经济和社员家庭经济。另外，农村信用合作社在调节农村货币流通、扶持贫困地区发展生产、引导农村民间借贷等方面也发挥了重要的作用。

②城市信用合作社

城市信用合作社是中国城市居民集资建立的合作金融组织，其宗旨是通过信贷活动为城市集体企业、个体工商业户以及城市居民提供资金服务。城市信用合作社是中国经济和金融体制改革的产物，同样是中国金融机构体系的一个重要组成部分。

城市信用合作社实行独立核算、自主经营、自负盈亏、民主管理的经营原则，盈利归集体所有，并按股分红。主要经营业务是：面向城市集体企业、个体工商业户以及城市居民聚集资金，为其开办存款、贷款、汇兑、信息咨询，代办保险和其他结算、代理、代办业务，支持生产和流通，促进城市集体企业和个体工商业户经济的发展，搞活城市经济。

③储蓄信用合作社

储蓄信用合作社是以储蓄为目的，为同一工厂、学校、机关的工作人员提供专门服务的信用合作组织。

信用合作组织的特点

信用合作组织作为合作制机构，其特点与一般的股份制企业有所不同，主要体现在以下几个方面：

①经营目标

股份制企业以利润最大化为目标，股东入股的目的是寻求利润分红；而合作制组织的主要经营目标是为社员服务。

②管理方式

股份制企业实行“一股一票”，大股控权；而合作制组织实行“一人一票”，社员不论入股多少，具有同等权利。

③入股方式

股份制企业一般自上而下控股，下级为上级所拥有；而合作制组织则自下而上参股，上一级机构由下一级机构入股组成，并被下一级机构所拥有，基层社员是最终所有者。

④分配方式

股份制企业的利润主要用于分红，积累要量化到每一股份；而合作制组织的盈利主要用作积累，积累归社员集体所有。

新时期的信用合作组织，坚持执行国家的金融方针、政策和法规，积极筹措、融通资金，以其民主管理、经营灵活的优势，为社会经济稳定发展、社会主义现代化建设做出一定的贡献。

7. 为保险业保驾护航——中国保监会

在早期的保险市场上，由于缺乏专门的机构对行业进行规范化管理，大量投资人涌入保险行业。一时间，各种各样的保险公司纷纷出现，人人都想从保险行业巨大的利润中分得一块蛋糕，而这种自由竞争的格局也确实使得保险业出现了一时的繁荣。

不过好景不长，随着保险业的快速发展，其自身的风险也在不断积累。终于，大多数保险公司不堪重负，破产倒闭，保险双方损失惨重，甚至引发了社会动荡。人们意识到，保险业要想健康稳定地发展，就必须有专门的机构对其进行监督管理。

于是，在1998年11月18日，中国保险监督管理委员会（简称中国保监会）成立了。它是国务院直属正部级事业单位，根据国务院授权履行行政管理职能，依照法律、法规统一监督管理全国保险市场，维护保险业的合法、稳健运行。

设立中国保监会的必要性

中国保监会的设立，从根本上是为实现金融宏观调控与金融微观监管的分离，是金融监管与调控的对象日益复杂化、专业化、技术化的必然要求，也是针对保险业的特性经过多方面考量后的结果。

①针对保险业的社会广泛性

保险公司经营状况的好坏，不仅关乎其自身的利益，还与千千万万客户的切身利益相关。因为保险业的服务对象涵盖范围十分庞大，大到企业，小到个人，为了保护这些被保险人的合法权益不受损害，中国保监会必须出面对保险业实行严格的监管。

②针对保险业的信息不对称性

保险业有着很强的专业性，所以对于大多数不懂保险的外行人来说，拿到一份保单后，要想弄明白上面所有细枝末节的问题其实是很困难的。因此，为了避免投保人陷入保险公司设置的“陷阱”，中国证监会就在两者之间充当了一个“懂行的人”，对每份保险的合理性进行把关。

③针对保险业的赔付性

一份保险的赔偿过程是在双方约定的保险事故发生以后进行的，而这样的赔付行为如果仅靠保险公司的自律是不行的，必须有中国保监会进行监督。而且在必要的时候，不排除通过强制手段迫使保险公司进行赔付。

中国保监会的主要职能

第一，审批保险公司及其分支机构、保险集团公司、保险控股公司的设立、合并、分立、变更、解散以及破产清算。

第二，依法监管保险公司的偿付能力和市场行为，负责保险保障基金的管理并监管保险保证金，对保险公司的资金运用进行监管。

第三，依法对保险机构和保险从业人员的不正当竞争等违法、违规行为以及对非保险机构经营或变相经营保险业务进行调查、处罚。

第四，审批与社会公众利益相关的保险险种以及新开发的人寿保险险种等的保险条款和保险费率，对其他保险险种的保险条款和保险费率实施备案管理。

第五，对政策性保险和强制性保险进行业务监管；对专属自保、相互保险等组织形式和业务活动进行监管。

第六，制定保险行业信息化标准；建立保险风险评价预警和监控体系，跟踪分析、监测、预测保险市场运行状况，负责统一编制全国保险业的数据、报表。

成立中国保险监督管理委员会，不仅有利于保险市场的良性发育和公平竞争，也有利于形成“一行三会”（中国人民银行、证监会、保监会、银监会）分业监管的金融格局，增强银行、证券、保险三大市场的竞争能力，对于更大范围地防范金融风险起到了非常重要的作用，也顺应了中国金融市场的发展趋势。

8．受人之托来理财——信托公司

信托公司是指以信任委托为基础，以货币资金和实物财产的经营管理为形式，进行融资、融物相结合的多边信用金融机构。它与银行信贷、保险并称为现代金融业的三大支柱。

信托

信托是一种理财方式，是一种特殊的财产管理制度和法律行为，同时又是一种金融制度。它一般涉及三方面当事人：投入信用的委托人、受信于人的受托人以及受益于人的受益人。信托的整个流程先由委托人依照契约或遗嘱的规定，为了自己或第三方受益人的利益，将财产上的权利转给受托人，然后受托人按规定条件和范围，占有、管理、使用信托财产，并处理其收益。说得简单一点，信托就是“受人之托，理人钱财”。

信托公司的类型

按照信托公司所处的不同发展阶段，可以将其分为以下几种类型：

①起步期信托公司

信托公司在设计信托产品的过程中一般要经过市场调研、项目寻找、合作谈判、品种设计、财务预算、销售分析等一系列环节的系统工作，这对人力、财力、物力的消耗都十分巨大。而起步期信托公司由于业务经验积累不足、资产规模较小，所以只能模仿其他相对成熟的信托产品，其投资领域也多集中在股东和原来的固定客户方面。

②成长期信托公司

成长期信托公司一般拥有中等的资产规模，也有一定的客户基础，而且不断积累业务经验，挖掘自身优势，逐渐形成自己的核心竞争力。另外，成长期信托公司自身的信托产品也不再仅仅局限于模仿，而是基于自身的优势，寻找优质项目资源，设计出盈利能力显著的信托产品，同时也开始涉足其他相关熟悉领域的投资业务。

③成熟期信托公司

成熟期信托公司的业务经验已经相当丰富，资产规模雄厚，具有很强的竞争实力。而且其提供的信托产品也十分具有自己公司的特色，创新风格突出，收益稳定良好，能够为客户量身定做金融产品和服务，也因此具有稳定的客户群体。另外，成熟期信托公司还积极筹备公司上市，寻求与国际著名金融机构合作的机会，不断把自身做大做强。

④高峰期信托公司

高峰期信托公司可以说是行业的领导者，在市场中占有极高的份额。它的业务领域全面，资金实力和业务能力都非常突出，而且实行多样化、规模化、集团化、国际化的发展战略，是大多数信托公司的风向标。

信托公司的特点

信托公司虽然在营业范围、经营手段、功能作用等各个方面与其他金融机构有着许多联系，但也具有自己的行业特点：

第一，信托公司的经济关系是委托人、受托人、受益人之间多边的信用关系。

第二，信托公司的基本职能是财产事务管理职能，侧重于理财。

第三，信托公司的业务范围较广，集“融资”与“融物”于一体，除信托存贷款外，还有许多其他业务。

第四，信托公司一般按照委托人的意图经营管理信托财产，在受托人无过失的情况下，风险一般由委托人承担。

第五，信托公司的盈利按实绩原则获得，即信托财产的损益根据受托人经营的实际结果来计算。

第六，信托公司的业务主体是委托人，在整个信托业务中，委托人占主动地位，受托人受委托人的制约。

信托公司的业务方式灵活多样，适应性强，有利于提高经济活力，加强地区间的经济技术协作。同时也能够吸收国内外资金，支持企业的设备更新和技术改造。就目前而言，我国的信托公司还需扩大自身的影响力，追求全球化的国际营销视野，这样才能又好又快地发展。

9．实现证券有形交易——证券交易所

证券交易所是指依据国家有关法律，经政府证券主管机关批准设立的集中进行证券交易的有形场所。其内部设有三个组织机构，分别是委员大会、理事会和专门委员会。委员大会为证券交易所的最高权力机构，每年至少召开一次；理事会对委员大会负责，是证券交易所的决策机构，其中包含总经理1人，副总经理1～3人，每届任期3年；专门委员会主要有上市委员会和监察委员会，分别负责审批股票的上市以及相关的监察工作。

证券交易所的类型

证券交易所分为公司制和会员制两种，而这两种证券交易所又可以

是公营制（由政府或公共团体出资经营）、民营制（私人出资经营）或者公私合营制（政府与私人共同出资经营）。

①公司制证券交易所

公司制证券交易所是以营利为目的，提供交易场所和服务人员，以便利证券商的交易与交割的证券交易所。从股票交易实践可以看出，这种证券交易所要收取发行公司的上市费与证券成交的佣金，其主要收入来自买卖成交额的一定比例。而且，经营这种交易所的人员不能参与证券买卖，从而在一定程度上可以保证交易的公平。

②会员制证券交易所

与公司制证券交易所不同，会员制证券交易所的成立不以营利为目的，它由会员自治自律、互相约束，参与经营的会员可以参加股票交易中的股票买卖与交割。这种交易所的佣金和上市费用较低，从而在一定程度上可以放置上市股票的场外交易。但是，由于经营交易所的会员本身就是股票交易的参与者，因而在股票交易中难免出现交易的不公正性。同时，因为参与交易的买卖方只限于证券交易所的会员，新会员的加入一般要经过原会员的一致同意，这就形成了一种事实上的垄断，不利于提高服务质量和降低收费标准。

证券交易所的作用

①提供证券交易场所。

②形成与公告价格。

③集中各类社会资金参与投资。

④引导投资的合理流向。

⑤制定交易规则。

⑥维护交易秩序。

⑦提供交易信息。

⑧降低交易成本，促进股票的流动性。

我国的证券交易所

在一些证券市场发展繁荣的国家，通常设立很多证券交易所，比如美国设立一百多家，英国设立二十多家，意大利设立十多家。但由于市场竞争激烈以及新技术的使用打破了交易地域限制等原因，不少证券交易所开始进行合并与整合，数量大大减少。目前我国拥有四家证券交易所，分别为上海证券交易所、深圳证券交易所、香港证券交易所和台湾证券交易所。

①上海证券交易所

上海证券交易所于1990年12月19日正式营业，位于上海浦东新区，是国际证监会组织、亚洲暨大洋洲交易所联合会、世界交易所联合会的成员。经过多年的持续发展，上海证券市场已成为中国内地首屈一指的市场，上市公司数、上市股票数、市价总值、流通市值、证券成交总额、股票成交金额和国债成交金额等各项指标均居首位。

②深圳证券交易所

深圳证券交易所成立于1990年12月1日，以建设中国多层次资本市场体系为使命，全力支持中国中小企业发展，推进自主创新国家战略的实施。深圳证券交易所坚持以提高市场透明度为根本理念，贯彻“监管、创新、培育、服务”的方针，努力营造公开、公平、公正的市场环境。

③香港证券交易所

香港证券交易所是一家在中国香港上市的控股公司，也是全球一大主要交易所集团，在香港及伦敦均有营运交易所，旗下成员包括香港联合交易所有限公司、香港期货交易所有限公司、香港中央结算有限公司、香港联合交易所期权结算所有限公司及香港期货结算有限公司，还包括世界首屈一指的伦敦金属交易所。

④台湾证券交易所

台湾证券交易所于1962年2月9日起正式对外营业，位于中国台湾地区台北市信义区的台北 101 大楼之内，主要掌管台湾股票上市公司交易市场，也是台湾地区唯一一所证券交易所。

10. 备受关注的美国“中央银行”——美联储

美联储的全称为美国联邦储备系统，于 1913 年 12 月 23 日成立，由位于华盛顿特区的联邦储备委员会和 12 家分布于全国主要城市的地区性的联邦储备银行组成，联邦储备委员会是其核心管理机构。作为履行美国中央银行职责的机构，美联储从美国国会获得权力，行使制定货币政策和对美国金融机构进行监管等职责。

与世界其他国家的中央银行不同，美联储实质上是一家私有的机构。而伴随着次贷危机的发生，美联储的知名度也越来越响，人们开始越发地关注美联储的归属问题。

美联储成立的背景

1791 年，独立战争结束后，美国在费城建立了“美国第一银行”，主要负责帮助美国各州发行债券，以逐步偿还独立战争时期累积的债务。事实上，美国第一银行并不是现代意义上的中央银行，它仍然是一个私人性质的商业银行。再加上其 70% 的股权属于外国人，所以美国人担心第一银行会成为欧洲金融家族控制美国的一个工具。于是，在第一银行 20 年的经营期限到了之后，美国国会没有批准它继续存在，第一银行被迫关闭。

1812 年，英美再起冲突。由于缺乏一个有效的中央银行系统和全国统一的金融市场，美国的州内银行陷入混乱。为了恢复银行秩序和处理战争债务，美国再次考虑成立一个类似第一银行的中央银行。于是，“美国第二银行”成立了。第二银行与第一银行十分相似，它更接近于一个全国性的商业银行，而不是现代意义的中央银行。所以，在 20 年期限到期后，第二银行由于缺乏继续存在的意义，同样被关闭了。

在美国第二银行关闭后的 70 多年里，美国政府没有再试图建立一个类似中央银行的机构。在此期间，美国的金融市场经历了放任自流式的大发展，处于自由金融时期。但随着金融市场的不断扩张，这样的银行体系也越来越多地暴露出各种缺点，以致发生了多次银行大规模倒闭的金融危机，给个人和家庭带来了巨大的财富损失，整个美国经济也因金融业无法正常运转而发生了空前严重的衰退。当时，美国著名金融公司摩根大通的创始人摩根先生意识到了问题的严重性，立刻召集最重要的几家金融公司的总裁开会，要求大家一起拿出资金帮助其他银行、帮助金融市场渡过危机。从一定程度上讲，摩根先生当时扮演的角色正类似于中央银行。

由此，美国逐渐意识到，成立一个机构对金融市场进行适当的监管很有必要。于是，1913 年美国国会最终达成一致意见，通过了《联邦储备法案》，宣告由华盛顿的联邦储备局和分布于美国各地区的 12 个联邦储备银行组成“美联储”，行使中央银行的职责。

美联储的归属问题

美联储由 12 家联邦储备银行构成，而每家银行又都有自己的股东、董事和总裁。如此看来，美联储应是一家股份制公司。但美联储作为中央银行，其股东却并不是美国政府，美国政府仅仅拥有美联储理事的提名权和任命权。更令人匪夷所思的是，美国宪法明确规定货币的发行权属于国会，那么由美联储这样的私有机构来执行货币发行权，是否违反了美国宪法呢？于是，这一系列的矛盾关系引出了一个令人头疼的问题：美联储到底是谁的？

从组织形式上看，美联储采用的是联邦政府机构加非营利性机构的双重组织结构，从而避免了货币政策完全集中在联邦政府手里。而构成美联储的 12 家联邦储备银行虽然不属于政府机构，但也不能完全与传统意义上的私营组织画上等号。因为它们并不是营利性的私营机构，而是与联邦储备局联合起来，共同承担美国中央银行的公共职能。

所以，美联储虽是私有制的，但同时也具有政府性质。在美元影响力越来越大的今天，我们也有必要客观全面地认识到这一点，这将有利于我们认清国际金融市场的本质，以及国际金融体系的前进方向。

第四章
「　多重博弈与选择　」
——学金融必知的金融市场常识

1．在跌跌涨涨中淘金——股票市场

股票市场是指已经发行的股票进行转让、买卖和流通的场所，其中包括交易所市场和场外交易市场两类。因为它是建立在发行市场基础上的，因此又称作二级市场。股票市场最早发源于1602年荷兰人在阿姆斯特河大桥上进行荷属东印度公司股票的买卖，但这只是股票市场的前身，正规的股票市场最早出现在美国。

在股票市场中交易的方式

股份公司为快速集中资金，扩大自身生产规模，会面向社会发行股票。而社会上的投资者则可以通过股票买卖的方式，选择股份公司进行投资，以期财富增值。转让股票而进行买卖的方法和形式称为交易方式，它是股票流通交易的基本环节。现代股票流通市场的买卖交易方式种类繁多，从不同的角度看可以分为以下三类：

第一，议价买卖和竞价买卖。这是从买卖双方决定价格的不同来划分的。议价买卖，指的是买方和卖方一对一地面谈，通过讨价还价达成买卖交易。竞价买卖，是指买卖双方都是由若干人组成的群体，双方公开进行双向竞争的交易。在这种双方竞争中，买方可以自由地选择卖方，卖方也可以自由地选择买方，使交易比较公平，产生的价格也比较合理。竞价买卖是证券交易所中买卖股票的主要方式。

第二，直接交易和间接交易。这是按达成交易的方式不同来划分的。直接交易是买卖双方直接洽谈，股票也由买卖双方自行清算交割，在整个交易过程中不涉及任何中介的交易方式。场外交易绝大部分是直接交易。间接交易是买卖双方不直接见面和联系，而是委托中介人进行股票买卖的交易方式。证券交易所中的经纪人制度，就是典型的间接交易。

第三，现货交易和期货交易。这是按交割期限不同来划分的。现货交易是指股票买卖成交以后，马上办理交割清算手续；期货交易则是股票成交后按合同中规定的价格、数量，过若干时期再进行交割清算的交易方式。

在股票市场中“淘金”的方法

了解了交易方式后，还需要学习一定的股票分析方法，以助于我们在股票市场中“分一杯羹”。股票相关知识繁多而复杂，这里只介绍一些基本的方法，供大家参考学习。

第一，基本分析法。它以传统经济学理论为基础，以企业价值作为主要研究对象，通过对决定企业内在价值和影响股票价格的宏观经济形势、行业发展前景、企业经营状况等进行详尽分析，以大概测算上市公司的长期投资价值和安全边际，并与当前的股票价格进行比较，形成相应的投资方法。

第二，技术分析法。它是以传统证券学理论为基础，以股票价格作为主要研究对象，以预测股价波动趋势为主要目的，从股价变化的历史图表入手，对股票市场波动规律进行分析的方法总和。技术分析认为市场行为包容消化一切，股价波动可以定量分析和预测，如道氏理论、波浪理论、江恩理论等。

第三，演化分析法。它是以演化证券学理论为基础，将股市波动的生命运动特性作为主要研究对象，从股市的代谢性、趋利性、适应性、可塑性、应激性、变异性和节律性等方面入手，对市场波动方向与空间进行动态跟踪研究，为股票交易决策提供机会和风险评估的方法总和。

三种方法中，基本分析主要应用于投资标的物的选择上，技术分析和演化分析则主要应用于具体投资操作的时间和空间判断上，作为提高证券投资分析有效性和可靠性的有益补充。

2．国家金融市场的基础——债券市场

债券市场就是发行和买卖债券的场所，它是一个国家金融体系中不可或缺的一部分。在金融市场中，债券市场具有很高的重要性，一个统一、成熟的债券市场可以为全社会的投资者和筹资者提供风险较低的投融资工具，而债券的收益率曲线则可以作为社会经济中一切金融产品收益水平的基准，因此债券市场也是传导中央银行货币政策的重要载体。可以说，一个统一、成熟的债券市场是一个国家金融市场的基础。

债券市场的类型分类

根据不同的分类标准，债券市场可分为不同的类别，最常见的有以下几种：

第一，发行市场和流通市场。这是根据债券的运行过程和市场的基本功能来划分的。发行市场指发行单位初次出售新债券的市场，流通市场指已发行债券买卖转让的市场。两者相辅相成，发达的流通市场是发行市场的重要支撑，而流通市场的发达是发行市场扩大的必要条件。

第二，场内交易市场和场外交易市场。这是根据市场组织形式来划分的。在证券交易所内买卖债券所形成的市场，就是场内交易市场，例如我国的上海和深圳两大证券交易所。场外交易市场是在证券交易所以

外进行证券交易的中场，其中柜台市场是主体。许多证券经营机构都设有专门的证券柜台，通过柜台进行债券买卖。在柜台交易中场中，证券经营机构既是交易的组织者，又是交易的参与者。

第三，国内债券市场和国际债券市场。这是根据债券发行地点的不同来划分的。顾名思义，国内债券市场的发行者和发行地点属于同一个国家，而国际债券市场的发行者和发行地点不属于同一个国家。

债券市场的功能

正如前面所说的，债券市场是一个国家金融市场的重要组成部分，是一个国家金融体系中不可或缺的一部分。世界上各大成熟的金融市场中，都有一个发达的债券市场。那么，债券市场为何具有如此高的重要性，它具有哪几个方面的功能呢?

①融资功能

这一功能表现为，债券市场能够使资金从资金剩余者流向资金需求者，为资金不足者筹集资金。我国政府和企业先后发行过多批债券，这为弥补国家财政赤字和国家的许多重点建设项目筹集了大量资金。在“八五”期间，我国企业通过发行债券共筹资 820 亿元人民币，重点支持了三峡工程、上海浦东新区建设、京九铁路等多个重点建设项目以及城市公用设施建设。

②资金流动导向功能

通常来说，效益好的企业发行的债券利率低，筹资成本小，发行的债券也较受广大投资者的欢迎；相反，效益差的企业发行的债券风险相对较大，不怎么受投资者的欢迎，因而筹资成本较大。因此，通过债券市场，资金得以向效益较好的企业集中，从而有利于资源的优化配置。

③宏观调控功能

一般来说，政府进行宏观调控主要依靠存款准备金、公开市场业务、再贴现和利率等政策工具。其中，公开市场业务就是中央银行通过在证券市场上买卖国债等有价证券，从而调节货币供应量，实现宏观调控的重要手段。在经济过热，需要减少货币供应时，中央银行卖出债券、收回金融机构或公众持有的一部分货币，从而抑制经济的过热运行；当经济萧条，需要增加货币供应量时，中央银行便买入债券，增加货币的投放。

3．有市无场的交易——外汇市场

外汇，看似和我们普通老百姓没有太大的关系，但实际上这种想法是错误的，外汇与世界上每个人都息息相关，外汇交易也是很多人投资或理财的一种重要形式。外汇的概念有广义和狭义之分，狭义的外汇是指以外国货币表示的，为各国普遍接受的，可用于国际间债权债务结算的各种支付手段；而广义的外汇则是指一国拥有的一切以外币表示的资产。

所谓外汇市场，指的是经营外币和以外币计价的票据等有价证券买卖的市场，是金融市场的主要组成部分。

外汇市场的作用

①国际清算的作用

这是因为，外汇本就是国际间经济往来的支付手段和清算手段，所以外汇市场最基本的作用就是国际清算。

②兑换的作用

在外汇市场中买卖货币，也就是把一种货币兑换成另一种货币作为支付手段，可以实现不同货币在购买力方面的有效转换。

③授信的作用

由于银行经营外汇业务，它就有可能利用外汇收支的时间差为进出口商提供贷款。

④套期保值的作用

外汇远期合约是进行套期保值的最基本的金融衍生工具之一。其具有一定的优点，表现为：当金融体系不完备、运行效率低下时，它是成本最低的套期保值方式，而且交易相对简单，不需要保证金，涉及资金流动次数较少。

⑤投机的作用

在外汇期货市场上，投机者可以利用外汇价格的变动谋取收益，产生“多头”和“空头”，对未来市场行情进行预估。“多头”是预计某种外币的汇价将上涨，即按当时价格买进，而待远期交割时，该种外币汇价上涨，按“即期”价格立即出售，就可获得汇价变动的差额。相反，“空头”是预计某种外币汇价将下跌，即按当时价格售出远期交割的外币，到期后，价格下降，按“即期”价买进补上。这种投机活动，是利用不同时间外汇行市的波动进行的。在同一市场上，也可以在同一时间内，利用不同市场上汇价的差别进行套汇活动。

外汇市场具有的特点

①“有市无场”

所谓“有市无场”是相对于“有市有场”而言的。投资者通过经纪公司买卖所需的商品，就是“有市有场”，而外汇买卖则是通过没有统一操作市场的行商网络进行的，它不像股票交易有集中统一的地点。外汇交易的网络是全球性的，并且形成了没有组织的组织，市场由大家认同的方式和先进的信息系统所联系，交易商也不具有任何组织的会员资格，但必须获得同行业的信任和认可。这种没有统一场地的外汇交易市场被称之为“有市无场”。

②循环作业

全球各大金融中心处于不同的时区，由于存在时间差的关系，外汇市场形成了一个全天 24 小时连续作业的全球市场。以纽约时间为准，早上8时半纽约市场开市，9时半芝加哥市场开市，10时半旧金山市场开市，18时半悉尼市场开市，19时半东京市场开市，20时半中国香港、新加坡市场开市，凌晨2时半法兰克福市场开市，3时半伦敦市场开市。如此24小时不间断运行，外汇市场成为一个不分昼夜的市场，只有周末两天以及各国的重大节日，外汇市场才会关闭。这种连续作业，为投资者提供了没有时间和空间障碍的理想投资场所，投资者可以寻找最佳时机进行交易。

③零和游戏

外汇市场是零和游戏，指的是外汇市场本身并不能产生财富，所有价格的波动只是一种财富的转移，一部分投资者的盈利必然来自另一部分投资者的亏损，而且数量相等。

4. 为未来增加一层保障——保险市场

保险市场，指的是保险商品供给与需求关系的总和，或保险商品交换关系的总和。它既可以指固定的交易场所，如保险交易所，目前我国上海正在筹建这种新兴的交易所；也可以指所有实现保险商品让渡的交换关系的总和。保险市场的交易对象是保险人为消费者所面临的风险提供的各种保险保障及其他保险服务，也就是各类保险商品。

保险市场具有的特征

首先，保险市场是直接的风险市场。为什么这样说呢？因为保险市场交易的对象是保障产品，也就是对投保人转嫁于保险人的各类风险提供保障，所以本身就直接与风险相关。

其次，保险市场是非即时清结市场。所谓“即时清结市场”指的是，当市场交易结束时，供求双方立刻就能确切知道交易结果的市场。而保险交易活动，因为风险的不确定性和保险的射幸性使得交易双方都不可能确切知道交易结果，所以不能立刻清结。这里“射幸性”的含义是指保险人并不必然履行赔付义务，射幸合同以不确定性事项为合同标的，也就是人们平时俗称的“撞大运”。

最后，保险市场是特殊的“期货”交易市场。由于保险具有射幸性，所以保险市场所成交的任何一笔交易，都是保险人对未来风险事件所致经济损失进行补偿的承诺。从某种意义上讲，保险市场可以理解为一种特殊的“期货”市场。

每个人是否都需要购买保险

这当然不是绝对的，是否需要购买保险，应当根据自身的年龄、职业、家庭结构、经济收入等实际情况来综合考虑。

首先，对于单身未婚人士而言，买保险可以首先考虑综合意外医疗保险。这类保险费率较低，并且可以针对意外提供高额身价保障，并能够附加意外医疗和住院医疗，能够有效补充城镇医疗报销不足的空缺。其次，根据自身情况适当选择补充重大疾病保险，以转移未来高额医疗费用带来的负担。一般来说，单身未婚人士在保障类保险方面的支出不宜超出自己年收入的20%。

对于家庭而言，在进行保险选择时应当从基础开始规划。比如，家庭的每一个成员都要有基础医疗保障、重大疾病保障，还要适当为孩子准备教育年金与婚嫁金，还可以考虑在40岁左右做养老年金的规划。当然，保险规划没有一个标准或是绝对正确的说法，应根据年龄阶段、收入阶段的不同而不断地规划。

在传统的中国家庭社会形态中，就已经包含了保险的要素：一方有难，八方支援，父母兄弟姐妹都是我们强大的后盾，以血缘为纽带的家族关系构成了一张巨大的“保单”。保险销售一度被人们看作洪水猛兽，由此可见，保险意识在多数中国家庭中还没有完全建立。然而，这些年保险行业在理财理念培养上花的工夫，并不少于花在销售上的精力，每一次理赔也都是一次很好的宣传机会。由此，越来越多的人开始关注保险、购买保险。

5．并非有钱人的游戏——期货市场

我们所说的“期货”，是与“现货”相对应的。“现货”是可以拿来交易的实实在在的货，也就是实实在在的商品。“期货”主要不是货，而是以某种大众产品（如石油等），以及某种金融资产如股票、债券等为标的的标准化可交易合约。因此，这个标的物可以是诸如黄金、原油等某种商品，也可以是金融工具。

期货市场，就是期货合约交易的场所，在狭义上可以理解为期货交易所。世界上有许多期货交易所，最著名的有芝加哥商品期货交易所和纽约期货交易所等。

期货的分类

期货大致可分为商品期货和金融期货两类，而商品期货又可分为工业品、农产品、其他商品等，金融期货主要是传统的金融商品如股指、利率、汇率等。

第一，商品期货，一类是农产品期货，如大豆、豆油、豆粕、籼稻、小麦、玉米、棉花、白糖、咖啡等；一类是金属期货，如铜、铝、锡、铅、锌、镍、黄金等；一类是能源期货，如汽油、天然橡胶、二氧化碳排放配额等。

第二，金融期货，是指交易双方在金融市场上，以约定的时间和价格，买卖某种金融工具的具有约束力的标准化合约。金融期货一般分为三类，分别是货币期货、利率期货和指数期货。

“炒”期货的方法

“炒”期货，是期货交易的通俗说法。那么，一个新手该如何“炒”期货呢？

基本步骤很简单，只需要找一家期货公司开户，签订一份合同，缴纳一定的保证金就可以进场交易了。具体的保证金比例由期货交易所根据市场情况而定，各期货公司也会有所调整。举个例子，你买进商品 A 的期货，它的保证金比例是 1 ∶ 10，交易价格是每单位 10000 元，那你只需付出 1000 元就可以买 A 商品一个单位了。如果 A 商品的价格涨了 10%，那你的收益就翻番了，你付出的 1000 元就变成了 2000 元。如果 A 商品的价格跌了 10%，你就赔光了。此刻要是平仓，你的 1000 元就变成了 0 元；要想继续持仓，就必须追加保证金。必须指出的一点是，投资需谨慎和理性，是否追加保证金要综合多方面来考虑，许多投资者往往因为不服市场，不断追加保证金，导致最后亏光了资产。

“炒”期货需要注意的两点

首先，任何投资活动都需要了解必要的金融知识和交易技巧，切忌盲目投资。很多人加入期货市场开始交易时，对市场没有全面、基本的认识，觉得只要有钱就可以直接进行交易，然后就会赚钱，然而期货交易是一种非常专业的投资活动，往往没有人们想象的那么简单。

其次，必须选择合适的经纪商和经纪公司。不少投资者在选择经纪商时，都是根据佣金和开户保证金多少来选择的，而各家经纪公司也以此来吸引投资者。然而，对于交易者来说，最后导致你成功与失败的最重要因素显然不是佣金和保证金，而是你最初的交易指导者、你的交易风格和交易策略、你的心理素质等。因此，在选择经纪公司时，一定要先看看它能否提供正确的引导，能否提供符合你风格的交易环境。正如国际知名期货问题研究专家杰克·伯恩斯坦所说：“一个想从事商品期货交易的人在交易前必须做出几个关键性决策，其中最重要的决策之一就是选择经纪商。”

6．将储蓄晋级为安全投资——基金市场

对于不太激进的投资者而言，投资基金也许是相较于投资股票、期货等更为安全稳健的方式。所谓“基金”，从广义上说，是指为了某种目的而设立的具有一定数量的资金，主要包括信托投资基金、公积金、保险基金、退休基金以及各种基金会的基金。但我们现在所说的基金是指狭义上的基金，也就是证券投资基金。

投资基金，是指通过向社会公开发行一种凭证来筹集资金，并将资金用于证券投资，是一种利益共享、风险共担的集合投资制度。

基金的分类及特点

根据《基金法》，基金大致可以分为四类：股票基金、债券基金、货币基金、混合基金。这是根据投资对象来划分的，较为清晰明确。股票基金以股票投资为主，一般仓位为 80% ~ 95%，也就是说，基金投入股市的资金占基金所能运用的资产的比例是 80% ~ 95%；债券基金以债券投资为主，一般仓位为至少八成以上；货币基金如较为知名的余额宝，主要投资于货币市场如银行协议存款等低风险产品，更多的是作为现金管理工具；混合基金则不限制股票、债券的投资比例，基金经理可以根据市场情况做灵活调整。

基金投资的风险

尽管基金是相对稳健的投资方式，但我们必须知道，任何投资都是具有一定风险的，基金也不例外。基金投资，大体有以下几个方面的风险：

第一，流动性风险。所谓“流动性风险”就是投资者在需要卖出所投资的投资对象时面临的变现困难和不能在合适的价格上变现的风险。

第二，申购、赎回价格未知的风险。由于我国采用未知价法，投资者无法知道申购或赎回当日的基金份额净值是多少、以什么价格成交，这种风险就是基金的申购、赎回价格未知风险。

第三，基金投资风险。基金的投资目标不同，其投资风险也不同，这种风险包括股票和债券的投资风险。投资者可根据自己的风险承受能力，选择适合自己财务状况和投资目标的基金品种进行投资。

第四，机构运作风险。这类风险又包括系统运作风险、管理风险和经营风险三种。系统运作风险是指当基金运作各当事人的运行系统发生故障时，给投资者带来的风险；管理风险是指基金运作当事人的管理水平给投资者带来的风险；经营风险是指各基金运作当事人因不能履行义务而给投资者带来的风险。

一些投资者认为，既然投资基金能够取得优于储蓄存款的收益，就应当将储蓄存款及时转换成基金产品，而不必再进行储蓄。这种为了资金增值的想法本身并无可厚非，但必须指出的是，不同投资者的经济基础和抗风险能力是不同的，不可盲目投资。

那么，该如何投资才更科学合理呢？这个问题没有标准答案，笔者这里所说的也仅供参考。一般而言，能承受较高风险的投资者可采用较积极的投资组合，投资组合中可以配置较高比例的投资风险偏高的资产，如股票、股票型基金等；风险承受能力较低的投资人在投资组合中则应以风格稳健、风险较低的资产为主，如债券、债券型基金、货币基金、银行储蓄等。

7．一种权利的买卖——期权市场

所谓“期权”，是一种可交易的合约，它给予合约的买方在双方约定期限以约定价格购买或者出售约定数量合约指定资产的权利。简单而言，它是一种“未来”可以选择执行与否的“权利”。

由于期权的概念比较难理解，笔者在这里举一个股票期权的例子，来帮助大家更好地理解、消化。比如，一个公司授予其员工在一定的期限内，按照固定的期权价格购买一定份额的公司股票的权利。行使期权时，享有期权的员工只需支付期权价格，而不管当日股票的交易价是多少，就可得到期权项下的股票，而期权价格和当日交易价之间的差额就是该员工的获利。如果该员工行使期权时，想立即兑现获利，则可直接卖出其期权项下的股票，得到中间的差额收益。

期权分类

由于期权交易的方式、方向、标的物等方面的不同，可以有不同的分类，这里我们着重介绍的是，按权利划分，期权可以分为看涨期权和看跌期权两类。

①看涨期权

假设某年的1月1日，标的物是铜期货，它的期权执行价格为1850美元/吨。A买入这个权利，付出5美元；B卖出这个权利，收入5美元。到了2月1日，铜期货价上涨至1905美元/吨，看涨期权的价格上涨至55美元。A可采取两个策略：

第一，立即兑现权利，也就是售出权利。A可以55美元的价格售出看涨期权，A获利50美元/吨（55-5）。

第二，行使权利。A有权按1850美元/吨的价格从B手中买入铜期货；B 在 A 提出这个行使期权的要求后，必须予以满足，即便 B 手中没有铜，也只能以 1905 美元 / 吨的市价在期货市场上买入而以 1850 美元 / 吨的执行价卖给 A，而 A 可以 1905 美元 / 吨的市价在期货市场上抛出，获利 50 美元 / 吨（1905–1850–5），B 则损失 50 美元 / 吨（1850–1905+5）。

②看跌期权

还是假定在某年的 1 月 1 日，铜期货的执行价格为 1750 美元 / 吨，A 买入这个权利，付出 5 美元；B 卖出这个权利，收入 5 美元。2 月 1 日，铜价跌至 1695 美元 / 吨，看跌期权的价格涨至 55 美元 / 吨。此时，A 可采取的策略是：

第一，立即兑现权利，也就是售出权利。A 可以 55 美元的价格售出看跌期权，A 获利 50 美元 / 吨（55–5）。

第二，行使权利。A 可以按 1695 美元 / 吨的中价从市场上买入铜，而以 1750 美元 / 吨的价格卖给 B，B 必须接受，A 从中获利 50 美元 / 吨（1750–1695–5），B 损失 50 美元 / 吨。

期权交易

目前我国尚未开放期权，也没有实体的期权交易所，但是投资者可以通过两种渠道进行期权投资。

①银行渠道

投资者可以前往招商银行、民生银行、交通银行等机构买卖期权。

②国外渠道

这里指的是通过国外一些期权交易平台来进行期权交易，例如 Easy–Forex（易信）等外汇交易平台，均可以进行交易操作。

第五章

「无信用不财富」

——学金融必知的信用常识

1. 国债热销背后的“推手”——国家信用

国家信用，顾名思义，就是以国家为需求主体的信用活动或行为。一个国家根据信用原则，通过发行债券等方式取得借款、筹集资金。也就是说，国家信用其实是一种国家负债，是一种由政府享有支配权的特殊资源。利用国家信用负债获得的资金，应该主要用于加快公共基础设施的建设，以及为保障经济社会顺利发展并促进社会公平的重要事项，为社会公众提供更多的公共物品和服务，实现社会的和谐与安宁。一个负责任的政府，绝不会滥用国家信用资源。

国家信用主要包括国内信用和国际信用。国内信用是国家以债务人身份向国内居民、企业、团体取得的信用，它形成国家的内债。国际信用是国家以债务人身份向国外居民、企业、团体和政府取得的信用。

国家信用的起源及基本形式

最原始的国家信用可以追溯到战国时期。相传，战国时期的周赧王由于负债太多无力偿还，因此避居高台之上，周人将其高台称为“逃债台”。而到了东汉时期，政府也曾因为财政赤字，有时向富户和贵族举债。后来的历朝历代，也有向公众举债以充国用的历史记载。

那么，国家信用发展到今天，它的基本形式有哪些呢？

①公债

这是一种长期负债，一般在 1 年以上甚至 10 年或 10 年以上。通常用于国家大型项目投资或较大规模项目的建设。在发行公债时并不注明具体用途和投资项目。

②国库券

这是一种短期负债。以 1 年以下居多，一般为 1 个月、3 个月、6 个月等。

③专项债券

这是一种指明用途的债券，如中国发行的国家重点建设债券等。

④财政透支或借款

当政府债券、国库券、专项债券仍不能弥补财政赤字时，余下的赤字就会通过银行透支和借款填补。透支一般是临时性的，有的在年度内偿还；有的周期较长，一般隔年财政收入大于支出时（包括发行公债收入）才能偿还。有的国家（如中国）只将财政向银行透支和借款算为财政赤字，而发行国库券和专项债券则作为财政收入不在赤字中体现。

国债的分类及购买方法

说到国债，想必大家一定不会陌生，它凭借着收入安全稳定的优点，成为了近些年人们财富投资的一个热点项目。

我们如今买卖的国债，大致可以分为以下三种：

①无记名式国债

购买这一类国债是最简单的，其对象主要是各种机构投资者和个人投资者。在国债发行期内，投资者可到销售无记名式国债的各大银行或者证券机构的各个网点持款填单购买。

②凭证式国债

凭证式国债是一种国家储蓄债券，投资者可以通过各大银行的储蓄网点、邮政储蓄部门的网点以及财政部门的国债服务部办理购买。这一类国债主要面向个人投资者，不能上市流通，从购买之日起计息。

③记账式国债

投资者可以到证券公司和试点商业银行的柜台办理国债的购买。通过银行柜台购买记账式国债，可以开通网上银行账户，直接使用家用电脑进入银行的网页，在交易时间内自由交易；也可以在证券交易所开立证券账户或国债专用账户，并委托证券机构代理进行购买。

国债热销背后的奥秘

国债成为近些年来人们投资的热点，其热销的背后，到底有着哪些原因?

①拥有最高的信用等级

储蓄存款以银行信用作为基础，而国债虽然也通过各银行储蓄网点等金融机构销售，但它代表的是国家信用，基本上属于零风险的投资品种。

②具有较多的发售网点

全国约有数万个网点办理国债的销售和兑付业务，因此大部分老百姓都可以就近购买到国债。

③变现灵活，安全性好

国债虽不能上市交易但可提前兑取，如遇特殊需要，还可以随时到原购买网点兑取现金。

④收益较高

通常来说，国债持有到期的兑付收益会高于相同期限存款缴税后的实际收益；提前兑取按持有时间设定分档利率计算利息，大大高于银行存款提前支取收益。

国无信则不立

说到国家信用，就不得不提及“迪拜债务危机”。

2009年11月25日，迪拜酋长国宣布，将重组其最大的企业实体“迪拜世界”——这是一家业务横跨房地产和港口的企业集团。迪拜还宣布，将把迪拜世界的债务偿还期延迟6个月。这一出乎意料的决定令外国债权人大为恼火。

迪拜爆发债务危机有多方面的原因，首先，其内房地产业的过度开发。在迪拜，有很多“世界最高”“世界独有”等价值百亿的房地产项目，这些项目使迪拜政府与其所属开发公司在全球债券市场大举借债，筹措投资资金，但难以在短期实现盈利。其次，迪拜大举投入国际金融业，而在金融危机持续的影响下，迪拜的投资出现严重亏损，给债务危机埋下隐患。最后，迪拜执行的是本国货币迪拉姆与美元挂钩的政策，因为美元的贬值而引发经济衰退，最终让迪拜一步步走上债务危机的道路。

受迪拜债务危机的影响，日本、澳大利亚、韩国、中国等亚太各国股市持续下挫。欧洲的伦敦、巴黎和法兰克福三大股票市场指数暴跌均超过3%，美国纽约股市也下跌了1%以上。中国大型上市银行工商银行、中国银行和交通银行也立即澄清均不持有迪拜世界的债券。

一些专家认为，迪拜债务危机可能成为继八年前阿根廷倒债以来全球最严重的主权债务违约事件。而国际上的信用评级机构“标准普尔”和“穆迪”，也马上下调了迪拜国有企业的债权信用等级。

由此可见，任何对于国家信用的怀疑都有可能引发该国经济的震荡，国家信用作为国家发展的根基，是任何时候都不能丧失的。

2. 你的金融身份证——个人信用

先和大家分享一个小案例。某年2月14日，A城的王先生因需购房而向该地某银行申请个人住房按揭贷款10万元，期限10年，但是该笔贷款并没有被批下来。王先生十分困惑，前往咨询原因。原来，该银行在审查其个人信用报告时发现：某年4月11日，王先生曾在一家银行办理了汽车消费贷款，还款期限为24个月，如今贷款虽已还清，但在还款的两年时间内，其信用报告中显示“累计逾期次数16次”。面对如此多的不良信贷记录，该银行没有通过王先生的住房贷款审批。通过这个案例，我们不难看出，对当今社会来说，个人信用非常重要。

个人信用是整个社会信用的基础。市场主体是由个体组成的，市场交易中所有的经济活动与个人信用息息相关。可以毫不夸张地说，一旦个人行为失之约束，就会发生个人失信行为，进而出现集体失信。因此，个人信用体系建设具有极其重要的意义。

个人信用

到底什么叫“个人信用”呢？人们是这样定义的：个人信用指的是基于信任、通过一定的协议或约定提供给自然人（及其家庭）的信用，使得接受信用的个人不用付款就可以获得商品或服务。

个人信用的表现形式大致可以分为两种：一种是个人消费信用；另一种是个人经营信用。个人消费信用是指个人以赊账的方式向商业企业购买商品，也可以指金融机构向个人提供的消费信贷，其对象主要是耐用消费品，如房屋、汽车、家具、电器等，也包括教育、医疗及各种劳务。而个人经营信用则是指企业信用的人格化和具体化，是企业信用关系在经营者个人身上的集中反映。我们在日常中所提到的“个人信用”，一般指的是前者，也就是个人消费信用。

称个人信用是“经济身份证”的原因

由上面的案例可以看出，一旦我们的个人信用出现了不良记录，银行贷款就很可能无法获得审批。由此可见，良好的信用记录在个人的金融生活中具有非常重要的作用。不仅如此，当我们需要求职、申请出国、进行信贷业务等诸多活动时，此“身份证”就可以派上用场了。

个人信用记录，主要包含三个方面，分别是个人信用报告、个人信用评分及个人信用档案。其中，个人信用报告是指记录个人全部信用支付历史的个人信用信息记录，主要内容包括：与金融机构发生信贷关系形成的履约记录、与其他机构或个人发生借贷关系形成的履约记录等。个人信用评分，是信用服务中介机构专门设计的一种数学模型，这个模型会根据个人信用报告所记录的内容，对个人信用能力进行评估、测算，给出一个人的风险分数，个人信用评分越高，个人的信用度越高。而个人信用档案，是由个人征信局一类的征信机构制作的，记录了评价个人信用价值的信用信息的档案，是各类信用记录的集合。

3．由中介人到“万能的垄断者”——银行信用

银行信用是指以银行为中介，以存款等方式筹集货币资金，以贷款方式对国民经济各部门、各企业提供资金的一种信用形式。

银行作为存贷款人的中介，其与一般的商业经纪人、证券经纪人有所不同。在银行信用模式下，存款人除了按期取得利息外，对银行如何运用存入资金无权过问，因此可以说，银行正由中介人的身份逐步发展成“万能的垄断者”。

银行信用的特点

①银行信用是以货币形态提供的。银行贷放出去的已不是在产业资本循环过程中的商品资本，而是从产业资本循环过程中分离出来的暂时闲置的货币资本，它克服了商业信用在数量规模上的局限性。

②银行信用的借贷双方是货币资本家和职能资本家。由于提供信用的形式是货币，这就克服了商业信用在使用方向上的局限性。

③在产业周期的各个阶段上，银行信用的动态与产业资本的动态往往不相一致。

④银行信用的实质是银行作为中介，使货币资本所有者通过银行和职能资本之间发生的信用关系。

⑤银行信用有可能突破商业信用的局限，扩大信用的范围和规模。

安全来自于防范

银行信用的安全性，一方面来自于对风险的防范，另一方面则来自于国家信用对银行的支持。正因为这样，我们才能安心地把钱存在银行里。

举个例子，银行在受理各项贷款业务时，会对贷款部门或个人进行严格的审查。比如说，以个人名义向银行申请办理个人抵押贷款，无论是用于购车买房，还是装修旅游，都必须向银行出具贷款用途证明。而且，有的银行为了降低经营风险和控制放贷规模，甚至已经停办了个人贷款业务。

也许银行这么“较真儿”会给一部分人带来不便，可正因为如此，大多数存款人的资金安全才能得到保障。试想，如果每个人缺钱了就能得到银行的贷款，而在消费之后却没有能力还款，长此以往恐怕整个金融大厦都要倾塌。所以说，银行防范风险是一种负责任的行为，也是银行信用的重要体现。

银行信用评级

对一家普通公司进行信用评级时，只需评价其财务实力，就可直接得出其信用级别，但对银行进行信用评级与一般的非金融企业评级是完全不同的。因为银行比一般非金融的评级对象拥有更多的外部支持，尤其是政府的救援支持，所以银行信用评级需要把个体评级和由于外部支持使借款人免于违约的概率估价综合起来。由此可见，银行信用评级一般包括三个步骤：首先，评估银行独立的财务实力和外部营业环境，以便确定其个体评级；其次，确定银行的支持评级；最后，综合个体评级和支持评级这两个不同因素，经过专家会议讨论，得出银行的信用评级。

银行信用不仅是社会信用体系的支柱，更是连接国家信用、企业信用和个人信用的桥梁。所以，要重视银行信用的先导和推动作用，这样才能保证金融市场的有序性、公正性和竞争性，促进金融行业的良好发展。

4. 缔造晋商传奇的奥秘——商业信用

我国明清时代的晋商在农业文明中创造出了举世瞩目的商业成就，在世界商业史上写下了浓墨重彩的一笔。从雁门关隘口的“车辙马迹”到黄河上的古老渡口，从塞北的骆驼商队到长江口起锚出海的商船，从山西境内的深宅大院到扬州的亢园、苏州的全晋会馆，无不反映出晋商昔日的商业活动盛况。

那么，晋商为什么能创造出如此辉煌的成绩呢？原因是多方面的，但是必定离不开的一点是——商业信用。商业信用能够体现出商业主体在商业活动中的主观意识和客观行为的一致性，是一种主客观的统一。在买卖中，对于卖方来说，商业信用能够扩大商品经营规模、开拓商品市场、提高竞争力；对于买方来说，商业信用很多时候体现于赊购行为，能缓解资金压力，获得更多商品，提高竞争能力。因此，商业信用是经商最重要的法则，能为企业赢得口碑和发展的机会。

商业信用的定义及分类

关于“商业信用”，人们是这样定义的：工商企业之间相互提供的、企业与个人之间的、与商品交易直接相联系的信用形式。包括企业之间以赊销分期付款等形式提供的信用以及在商品交易的基础上以给付定金等形式提供的信用。

说得再具体通俗一些，商业信用，就是企业在正常的商品买卖活动中，由于延期付款、赊销分期付款、预收账款等所形成的一种常见的信贷关系。

如今，商业信用的形式主要有应付账款、应计未付款及预收账款三种。

应付账款，是供货商给予企业的一种商业信用。由于购买者往往在到货一段时间后才付款，商业信用就成为企业的短期资金来源。而当企业扩大生产规模，其进货和应付账款相应增长时，商业信用就提供了增产需要的部分资金。

应计未付款，是企业在生产经营和利润分配过程中已经计提但尚未以货币支付的款项，包括应付工资、应缴税金、应付利润或应付股利等。

预收账款，是指销货单位按照合同和协议规定，在发出货物之前向购货单位预先收取部分或全部货款的信用行为。购买单位对于紧俏商品往往会采用这种方式购货；而销货方对于生产周期长、造价较高的商品，也往往会采用预收账款方式销货，以缓和本企业资金占用过多的矛盾。

商业信用的意义

①可以减少存货

企业向客户提供商业信用，既满足了客户生产经营的需要，又有利于自身资产的充分利用，同时还减少了库存压力，削减了仓储费用，降低了存货风险，加快了存货的流通速度和资金周转，提前确认了企业的销售收入，提升了企业效益。

②可以促进商品或服务的销售

现代经济是以满足市场和客户需求而进行的生产与交换。市场的需求除了表现在商品的数量、质量和价格方面，还表现在对服务的需求上，而提供商业信用正是满足需求的一项重要内容。企业通过提供商业信用，有助于缓解客户的资金困难状况，维持客户有可能中断的生产循环，保持与客户的业务联系，从而使自身的产品拥有更高的市场占有率。在经济活动中，商业信用一直被认为是企业与客户间互惠互利的双赢之举。

③有利于融资

企业之间所提供的商业信用，其实质是生产经营企业向生产消费企业提供一项便利而又快捷的融资服务，以低成本的方式缓解生产消费企业的流动资金需求，维持企业连续不断的生产过程，从而促进生产的发展。

④操作灵活方便

商业信用较之银行信用的操作更为简单灵活，信用双方一般依据购销合同约定的条件，如 5/5、3/10、n/15，或延期付款、分期付款期限等，合同生效信用随之产生。一般情况下，销售方提供的信用规模和客户的采购资金需求量是一致的，不会因过度采购而引起存货积压和浪费。

商业信用的作用

对于经销商来说，商业信用的作用在于融通资金，增强实力。大多数经销商为了提高自己的竞争力，都力求把自己的商品做到应有尽有，但这种营销策略也带来了一个难题，那就是需要相当多的资金。所以，如果商家的经营性资金严重不足，往往会寸步难行。然而，商业信用却能给这样的商家带来发展的希望。因为商业信用能提供便利而又快捷的融资服务，能把供应商心烦的存货转化为经销商的铺底资金、把经营者闲置的设施变成消费者舒适称心的享受，使各方面都受惠，真正做到让“小钱办大事”。

另外，经销商在预收了供应商的商品后，对其在客户的选择上产生了制约，从而获得向供应商提出不向与自己有竞争能力的客户供应商品或在供货质量、时间上优先保证自己的筹码，赢得交易的主动权。

而对于供应商来说，商业信用也有着太多的好处。供应商在商业信用的基础上把商品赊销给客户，一来可以大大减少仓储保管费用，降低因火灾、洪水等意外事故导致财产损失的风险；二来可以赢得更多的客户，及早地占领市场，扩大市场份额，促进商品的销售。同时，在整个赊销过程中，供应商的生产成本不会增加，自身的资金流动也不会受影响，从而实现商家和客户的互利双赢。

商业信用的局限性

商业信用在生意往来上的作用不言而喻，其操作简单灵活，是交易双方的润滑剂，能够大大促进生产和产品的流通，是其他信用形式不能代替的。但在这些美好的背后，其也存在着一定的局限性：

①商业信用的信用期限较短，不能满足一些企业长期生产周转的需要。

②商业信用的规模局限于赊销规模，且局限于有着购销业务的工商企业之间，信用方向单一。

③商业信用可能会产生一种外表看起来繁荣的市场需求，进而误导投资，而这些投资又会进一步加重经济虚假繁荣的现象，形成一个怪圈。如果不加以控制和监管，长久下去就会诱发金融危机乃至经济危机。

④大部分企业特别注重自身的企业形象，有着良好的商业信用，但企业间因失信违约引起的账款拖欠问题也层出不穷，这些问题又会进一步导致逃税漏税、制造假冒伪劣产品等众多新问题的产生。

5. 自由与风险兼具的“双刃剑”——民间信用

民间信用又称民间借贷。我国《银行管理暂行条例》规定个人不得经营金融业务，因此在中国，民间信用指的是个人之间以货币或实物形式所提供的直接信贷。但在西方国家，民间信用是指除国家信用之外的一切信用形式，包括商业信用和银行信用。

民间信用大多根据生活和生产需要在个人之间临时无组织地进行。由于有些项目需要的资金数额大、时间长，非一家一户所能解决，也相应产生了一些民间信用的临时组织形式，比如摇会、标会、轮会等，通称“合会”。合会的基本做法是，先由急需资金的人充当会首（借方），他们凭借个人的信用，请收入较为充裕而又有信用的人出面担保，邀集亲友、邻里、同事等数人乃至数十人充当会脚（贷方），然后议定每人每次出多少份金，多长时间会一次等事宜。

民间信用的特点

①规模范围扩大

民间信用的借贷范围如今已发展到跨乡、跨县甚至跨省，交易额从几十元、几百元发展到几千元甚至上万元；借贷双方关系从亲朋好友发展到非亲非故，只要信用可靠，即可发生借贷关系；借贷期限从2～3个月，发展到长达1～2年，最长可达5～10年。

②借贷方式由繁到简

民间信用从借钱还物、借物还钱、借物还物、借钱还钱发展到以货币借贷为主。

③借款用途改变

民间信用借贷的用途，逐渐从解决温饱、婚丧嫁娶或天灾人祸等生活费用和临时短缺需要，发展到以解决生产经营不足为主，主要用于购买生产资料、运输工具、扩大再生产，一部分大额借贷用于建房。城市居民之间发生借贷主要用于购买耐用消费品或个体户用于生产经营。

民间信用的利弊

民间信用因为在方式上比较灵活、简便，可随时调节个人之间的资金余缺，所以能在一定范围内弥补银行信用的不足。但它又具有利润高、手续不够齐备、随意性大、风险大、分散性和盲目性等特点，可以说是一把“双刃剑”。

①民间信用的有利性

第一，手续简便。民间融资不像银行贷款那样需要提供营业执照、代码证书、会计报表、购销合同、负责人身份证件、验资报告等一大堆材料，也不用经过签订合同、办理公证等程序，一般只需考察房产证明及还贷能力等并签订合同即可。

第二，资金随需随借。依靠民间信用一般仅需 3 ~ 5 天甚至更短的时间即可获得所需资金。

第三，获取资金条件相对较低。中小企业的贷款风险大、需求额度小、管理成本高，所以银行在发放贷款时普遍要求中小企业提供足够的抵押担保物。而民间借贷普遍门槛低，显然更加适合中小企业。

第四，资金使用效率较高。银行贷款期限一般以定期形式出现，而民间借贷可以即借即还，适合中小企业使用频率高的特点。

②民间信用的消极影响

第一，风险大，具有为追求高盈利而冒险投机的盲目性。

第二，利率高，有干扰银行和信用社正常信用活动、扰乱资金市场的可能性。

第三，借贷手续不严，容易发生违约，造成经济纠纷，影响社会安定。

由于上述民间信用的利和弊，国家应当在利用其积极作用的同时，对这种信用活动适当地加以管理，采取积极措施加以引导，并逐步完善相关制度和法律法规，使其逐步合法化、规范化。

6. 凭借信用来借钱——消费信用

消费信用是由企业、银行或其他消费信用机构向消费者个人提供的信用。消费者凭借个人消费信用，可以在个人资金不足的情况下，不立即付款就取得资金、物资或者服务。简单地说，就是用“明天”的钱来完成“今天”的消费。

随着生产力的发展、人民生活水平的提高，市场消费总的供给结构不断发生变化。人们对满足生存需要的消费降低，一些价格昂贵的耐用消费品及住房建设等迅速发展。而对于收入水平不高的居民来说，短时间内是很难备齐购买耐用消费品和住房的费用的。但是，利用消费信用进行超前消费，就可以解决这种问题。因此，发展消费信用很有必要。

消费信用的形式

①赊销

我国的工商企业提供一种“延期付款方式销售”，即对消费者提供短期信用，到期一次性付清货款的消费形式。在西方国家，对一般消费信用多采用信用卡方式，即由银行或其他金融机构发给其客户信用卡，消费者凭卡在约定单位购买商品或做其他支付，有的还可以向发卡银行或其代理行透支小额现金。然后工商企业、公司、旅馆等每天营业结束时向发卡机构索偿款项，而发卡机构负责与持卡人定期结算清偿。

②分期付款

分期付款是指在购买高档耐用消费品比如房屋、汽车时，消费者只支付一部分贷款，然后按合同分期加息支付其余货款，属于中长期消费信用。

③消费贷款

消费贷款按照不同的贷款对象，可以分为买方信贷和卖方信贷两种方式。买方信贷是指对购买消费品的消费者直接发放贷款；而卖方信贷是以分期付款单做抵押，对销售消费品的工商企业、公司等发放贷款，或由银行同以信用方式出售消费品的企业签订合同，将货款直接付给企业，再由购买者逐步偿还银行贷款。银行采用信用放款或抵押放款方式对消费者发放的贷款，有的时间可长达 20 ~ 30 年，属于长期消费信用。

超前消费的好处

超前消费在美国极为盛行，在 20 世纪 40 年代就已开始发展。超前消费对美国人来说是再平常不过的事情，比如贷款买房、贷款上学、贷款买车，甚至还有人贷款结婚、贷款旅游等。早在 2001 年年底，全美的消费贷款额（住房及其他消费贷款）就占到了全部银行贷款总量的 67%。经过长期的发展，美国的消费信贷体系已比较健全，立法也逐渐完善。

在我国，越来越多的年轻人也开始利用消费信用进行超前消费，并且乐于这种用将来的钱来提升目前生活水平的消费模式。同时，由于国家政策的鼓励以及福利分房制度的取消，大部分居民的消费观念也得以改变，从而推动了超前消费的高速发展。

超前消费的好处在于能够解决消费和购买力不足的问题，特别是耐用消费品购买力和消费品供给之间的不平衡，而且还能促进耐用消费品生产的发展以及居民生活水平的提高。另外，超前消费也在一定程度上促进了现代科学技术的发展和生产力水平的提高，提高了产品更新换代的速度。

超前消费的不利影响

超前消费确确实实在改变着人们的生活，不过它也暗含着一些潜在的风险：

第一，如果消费需求过高，而生产扩张能力有限，那么消费信用则会加剧市场供求紧张状态，促使物价上涨，造成虚假繁荣。

第二，如果居民的实际收入较低，偿还能力不高，那么一味地发展消费信用则会导致风险加大。

第三，过度发展消费信用也会导致信用膨胀。

第四，消费信用是对未来购买力的预支，而在延期付款的诱惑下，对未来收入预算过大会使消费者债务负担过重，最终迫使生活水平下降，增加社会不稳定因素。

作为消费者，是选择超前消费还是量入为出，应该充分考虑到自身的经济实力与未来的收入状况。任何一种片面地鼓吹超前消费或量入为出的行为都是有失偏颇的，这两者的关系应该是对立的统一，只有互相调和，才能发挥出最大的作用。

7．商业主体的信用评定

信用评级，又称资信评级，是一种为社会提供资信信息，或为单位自身提供决策参考的社会中介服务。信用评级的根本目的在于揭示受评对象违约风险的大小，它所评价的目标不是企业本身的价值或业绩，而是经济主体按合同约定如期履行债务或其他义务的能力和意愿。

对于一个商业主体来说，如果能够得到良好的信用评级，也就意味着它有良好的信用基础，进而会为它赢得更多合作和发展的机会，因此信用也是一笔财富。

那么，信用的评定又由谁来负责呢？目前，国际公认的最具权威性的专业信用评级机构只有三家，分别是美国标准普尔公司、穆迪投资服务公司、惠誉国际信用评级有限公司。而我国国内的信用评级机构，由于上海远东资信评级公司因福禧事件的影响而退出评级市场，所以目前中诚信国际信用评级公司、大公国际资信评估有限公司、联合资信评估有限公司占据了市场的大部分份额，表现出较好的发展前景，行业龙头作用初步显现。

信用评级的类型

按照评估对象的不同，可以将信用评级分为以下几种类型：

①企业信用评级

企业信用评级包括工业、商业、外贸、交通、建筑、房地产、旅游等公司企业和企业集团的信用评级，以及商业银行、保险公司、信托投资公司、证券公司等各类金融组织的信用评级。

②证券信用评级

证券信用评级包括长期债券、短期融资券、优先股、基金、各种商业票据等的信用评级。目前在我国主要是债券评级，而且国家明文规定，企业发行债券要向认可的债券评信机构申请信用等级。

③国家主权信用评级

对一个国家主权的信用评级体现了这个国家的偿债意愿和能力，这种做法在国际上非常流行。而且，国家主权的信用评级内容很广，除了要对一个国家国内生产总值增长趋势、对外贸易、国际收支情况、外汇储备、外债总量及结构、财政收支、政策实施等影响国家偿还能力的因素进行分析外，还要对金融体制改革、国企改革、社会保障体制改革所造成的财政负担进行分析，最后进行评级。

④其他信用评级

比如项目信用评级，即对一特定项目进行的信用评级。

信用评级的作用

“信用”作为社会经济发展的必然产物，是现代经济社会运行中不可缺少的一部分，而信用评级则深刻揭示了信用与风险的关系，因此具有非常重要的作用。

①规避风险，保护投资者利益

随着社会经济的发展，越来越多的企业融资和金融工具涌现出来，信用风险的成因也跟着开始复杂起来。对于一般的投资者来说，其能获取的信息很少，所以很难窥破信用风险的奥秘。因此，防范信用风险和维护正常的经济秩序，就要依靠专业机构的信用评级。投资者利用这些评级信息，就可以客观全面地了解投资对象的信用情况，优化投资选择，弥补信息不对称这一短板。

②促进企业良好发展

信用评级是对一个企业内在质量的全面检验和考核。对于信用等级良好的企业来说，在经济交往中可以获得更多的信用政策，有利于银行和社会公众投资者按照自己的经营管理水平和信用状况给予资金支持，从而降低筹资成本。在这个过程中，企业还能及时发现自身管理中的薄弱环节，并通过不断地改善来提高自己的经济实力，从而赢得更高的信用等级。如此一来，企业发展就会进入良性循环，从而最大限度地享受信用评级带来的权益。

③确保金融体系安全

银行很注重信贷资产的安全性和效益性，所以要对企业的经营活动、经营成果、获利能力、偿债能力等给予科学的评价，以确定信贷资产损失的不确定程度，以便最大限度地防范贷款风险。所以，现代金融体系离不开信用评级信息的支持，信用评级对金融体系有着直接的影响。

在当今世界，信用评级可以说是公众化程度极高的专业服务，有着不可估量的作用。相信在对评级机构日益科学的管理和监督下，信用评级会承担起更重要的责任，更好地保护投资者的利益。

8. 建立与维护好自己的信用报告

个人信用评级，就是指第三方信用评级机构依据信用评级标准，在对个人信用进行全面了解、征集和分析的基础上，按照一定的方法和程序，对其进行评价和分级。

个人信用报告

据中国人民银行征信中心发布的公告显示，从2013年10月28日起，个人可通过互联网查询本人信用报告的试点范围进一步扩大，由原先的江苏、四川、重庆三个试点地区扩大至北京、山东、辽宁、湖南、广西、广东等九个省、市、自治区。

那么，我们如何才能了解到自己的信用报告呢？

为了保障个人的信息安全，个人通过互联网查询本人信用报告时，必须进行严格的身份验证。网站会提供两种身份验证方式：一是数字证书验证；二是私密性问题验证。我们可以选择其中一种方式进行身份验证。而在选择私密性问题验证方式时，如果个人身份验证没有通过，还可以转用数字证书方式进行验证，也可以到人民银行分支机构进行现场查询。只有通过身份验证后，个人才能注册成为查询用户。

经过查询之后，我们会得到一份信用报告，这是一份个人信息的详细客观记录，内容包括以下方面：个人与金融机构发生信贷关系形成的履约记录；与其他机构或个人发生借贷关系形成的履约记录；与商业机构、公共事业单位发生赊购关系形成的履约记录；与住房公积金、社会保险等机构发生经济关系形成的履约记录；欠缴依法应交税费的记录；各种受表彰记录；其他有可能影响个人信用状况的刑事处罚、行政处罚、行政处分或民事赔偿记录。

除此之外，我们还能查询到个人信用评分和个人信用档案。个人信用评分越高，个人的信用度就越高。

维护个人信用记录

一个良好的信用记录将会为个人带来很多好处和便利，但事实上，很少有人关心如何维护自己的个人信用记录。下面，就简单介绍几种建立和保持个人良好信用记录的方法。

①及早建立个人信用记录

有人可能会这样想:“为了避免出现信用不良记录，那我不跟银行打交道不就行了吗，这样总不会出错吧！”但事实上，“信用空白”并不等于“信用良好”。在办理金融业务时，银行对待“信用空白”的人甚至会比有信用污点的人审查得更为谨慎，因为银行没有确凿客观的证据来评定这类人的信用情况。所以，建立良好的信用记录，首先就应尽早与银行发生借贷关系。

②保持良好的信用记录

保持良好的信用记录要求我们在生活中树立诚信的观念，比如及时归还贷款、信用卡透支款项等。另外，个人信用报告还包含与其他机构发生借贷关系形成的履约记录，所以也要及时缴纳水费、电费、煤气费、电话费等各项生活费用，养成良好的缴费习惯，真正把个人信用渗透到生活的方方面面。这样坚持下去，自己的信用记录自然会“漂漂亮亮”。

③定期查询信用记录

鉴于如今的个人信用查询系统越来越完善、越来越方便，因此应当定期查询一下自己的信用记录，做到心中有数。如果发现自己的征信记录信息存在差错，可以及时向当地人民银行征信管理部门进行申请纠正，避免影响以后的贷款申请。

若不小心使个人信用记录出现污点时，也大可不必灰心丧气。银行并不会因为偶尔的不良记录就对一个人进行“一票否决”，只要以后更加注重自己的信用行为，银行还是会逐渐接纳和认可你的。

④防己更得防人

身份证件和信用卡作为个人信用记录的重要证件，一定要妥善保管。在日常生活中，万万不可随便把个人身份证和信用卡借给他人使用，也不要把个人信息透露给陌生人，以防别有用心的人利用这些信息违法犯罪，使自己的信用记录无端蒙上阴影，带来无穷无尽的麻烦。

第六章
「使用资本的代价」
——学金融必知的利率常识

1. 利率——借款人使用货币的代价

利率，就其表现形式来说，是指一定时期内利息额同借贷资本总额的比率，通常用百分比表示。利率的计算公式是：利息率＝利息量 ÷（本金 × 时间）× 100%。

在现代经济中，利率作为资金的价格，会受到经济社会中许多因素的制约，而且每一次利率的变动都会对整个经济产生重大的影响，所以现代经济学家在研究利率时，特别重视各种变量的关系以及整个经济的平衡问题。比如美国经济学家凯恩斯认为，利率是借款人使用货币的代价，而货币供应是没有利率弹性的外生变量。

利率的种类

①根据计算方法的不同，分为单利和复利

单利是指在借贷期限内，只在原来的本金上计算利息，而对本金所产生的利息不再另外计算利息；复利是指在借贷期限内，除了在原来的本金上计算利息外，还要把本金所产生的利息重新计入本金，重复计算利息。

②根据与通货膨胀的关系，分为名义利率和实际利率

名义利率是指没有剔除通货膨胀因素的利率，也就是借款合同或单

据上标明的利率；实际利率是指已经剔除通货膨胀因素后的利率。

③根据确定方式的不同，分为法定利率、市场利率和公定利率

法定利率是指由政府金融管理部门或者中央银行确定的利率；市场利率是指根据市场资金借贷关系紧张程度所确定的利率；公定利率介于法定利率和市场利率之间，指的是由金融机构或银行业协会按照协商办法确定的利率，这种利率标准只适于参加该协会的金融机构，对其他机构不具约束力。

④根据国家政策意向的不同，分为一般利率和优惠利率

一般利率是指在不享受任何优惠条件下的利率；优惠利率是指对某些部门、行业、个人所制定的利率优惠政策。

⑤根据银行业务要求的不同，分为存款利率和贷款利率

存款利率是指在金融机构存款所获得的利息与本金的比率；贷款利率是指从金融机构贷款所支付的利息与本金的比率。

⑥根据与市场利率的供求关系，分为固定利率和浮动利率

固定利率是在借贷期内不做调整的利率，使用固定利率便于借贷双方进行收益和成本的计算，但是固定利率的变化会导致借贷的其中一方产生重大损失，所以不适用于在借贷期间利率可能发生较大变动的情况；浮动利率是在借贷期内随市场利率变动而调整的利率，使用浮动利率可以规避利率变动造成的风险，但会对借贷双方预估收益和成本造成影响。

⑦根据利率之间的变动关系，分为基准利率和套算利率

基准利率是在多种利率并存的条件下起决定作用的利率，我国是中国人民银行对商业银行贷款的利率；套算利率是指在基准利率确定后，各金融机构根据基准利率和借贷款项的特点而换算出的利率。

影响利率的因素

利率的调整是对各方面利益综合考量后的结果，而能影响利率变化

的主要有以下几个方面：

①物价水平

由于物价具有刚性，所以其变动的趋势一般是上涨。因此，经营货币资金的银行必须让吸收存款的名义利率与物价上涨的幅度相适应，否则就难以吸收存款；同时，银行还必须使贷款的名义利率也适应物价上涨的幅度，否则就难以获得投资收益。也就是说，名义利率水平应该与物价水平保持同步发展的趋势，物价水平变动的幅度制约着名义利率水平的高低。

②资金供求状况

在我国市场经济条件下，利率要受到供求规律的制约。在平均利润率既定时，利率的变动则取决于平均利润分割为利息与企业利润的比例，而这个比例是由借贷资本的供求双方通过竞争确定的。一般地，当借贷资本供不应求时，借贷双方的竞争结果将促进利率上升；而当借贷资本供过于求时，竞争的结果必然导致利率下降，所以资金的供求状况对利率水平有着决定性作用。

③政策性因素

在利率的制定与执行中，并不完全随着信贷资金的供求状况自由波动，它还取决于国家调节经济的需要，并受国家的控制和调节。我国长期实行低利率政策，以稳定物价、稳定市场。同时，还对一些部门和企业实行“差别利率”，以体现出政策性的引导或政策性的限制。

2. 国家要频繁调整利率的原因

利率调整是我国货币政策的重要组成部分，也是货币政策实施的主要手段之一。在利率体系中，中央银行利率处于主导地位。央行会根据货币政策实施的需要，适时地运用利率工具，对利率水平和利率结构进行调整，进而影响社会资金供求状况，实现货币政策的既定目标。

近些年，中央银行利率调整的方式更为灵活，调控机制日趋完善，对利率的直接调控开始转化为间接调控。这一切都表明，利率作为重要的经济杠杆，是国家手中的“魔法棒”，在国家宏观调控体系中发挥着重大的作用。

利率调整的工具

①调整中央银行基准利率

包括：再贷款利率，指中国人民银行向金融机构发放再贷款所采用的利率；再贴现利率，指金融机构将所持有的已贴现票据向中国人民银行办理再贴现所采用的利率；存款准备金利率，指中国人民银行对金融机构交存的法定存款准备金支付的利率；超额存款准备金利率，指中央银行对金融机构交存的准备金中超过法定存款准备金水平的部分支付的利率。

②调整金融机构法定存贷款利率。

③制定金融机构存贷款利率的浮动范围。

④制定相关政策，对各类利率结构和档次进行调整等。

利率调整的作用

我国的银行利率调整得十分频繁，这让很多人非常不解。其实，利率调整是对客观经济规律的尊重，能够起到多方面的作用。

①调节社会资金总供求关系

当社会资金总需求大于总供给而引发通货膨胀时，银行就会采取提高利率的措施。因为在其他条件不变的前提下，提高利率能够吸引闲散资金存入银行，推迟社会消费品购买力的实现，从而减少社会总需求。

②优化社会产业结构

政府对需要扶持、优先发展的行业实行优惠利率政策，能够很好地从资金面来支持其发展。相反，对需要限制发展的行业或企业，政府就可以通过适当提高银行利率来提高其投入成本。这两种手段互相结合，就可以起到调节社会资源的作用，实现产业结构的优化配置。

③调节货币供应量

如果全社会的货币供应量超过了需求量，就会引发通货膨胀，导致物价上涨。这个时候，政府就可以提高银行利率，减少信贷规模与货币投放，从而调节货币供应量，达到压缩通货膨胀、稳定物价的目的。

④提高企业经济效益

提高利率水平，会间接地促使企业不断提高自身管理水平、加强经济核算、降低利息负担，从而提高企业乃至全社会的经济效益。如果一个企业认识不到或者根本做不到这一点，就会导致企业的资金使用效益达不到银行利息水平，甚至贷款到期时无法正常归还，影响企业发展。

⑤调节国际收支

一个国家进行利率调整，不仅会对国内金融市场产生影响，还会对国际金融市场产生联动作用，调节国际收支。也就是说，如果国内利率水平高于国际利率水平，就会吸引国外资本流向国内，从而导致国际收入大于国际支出；如果国内利率水平低于国际利率水平，就会导致国内资本流向国外，那么国际收入就会小于国际支出。

总之，国家在使用利率这个经济杠杆时，要综合考量利弊，在什么时间、用什么幅度调整都是有讲究的，这样才能更好地为经济发展服务。

3．利率市场化——金融改革的重要环节

利率市场化是指金融机构在货币市场经营融资时的利率水平由市场供求来决定，主要包含利率决定、利率传导、利率结构和利率管理的市场化。说得简单一点，利率市场化就是将利率的决策权交给金融机构，

由金融机构自己根据资金状况和对金融市场动向的判断来自主调节利率水平，最终形成以中央银行基准利率为基础，以货币市场利率为中介，由市场供求来决定金融机构存贷款利率的市场利率体系和利率形成机制。

我国近年利率市场化的进程

20 世纪 70 年代左右，利率市场化在国际金融市场上就开始成为潮流，不少国家都取消了利率限制，完成了利率市场化。于是，我国也从 1996 年开始进行利率市场化改革，现在已经取得了阶段性成果：

2012 年 6 月 8 日，中国人民银行下调金融机构人民币存贷款基准利率。

2013 年 7 月 20 日，经国务院批准，中国人民银行全面放开金融机构贷款利率管制。

2015 年 5 月 11 日，中国人民银行推进利率市场化改革，将金融机构存款利率浮动区间的上限由存款基准利率的 1.3 倍调整为 1.5 倍。

2015 年 8 月 26 日，中国人民银行决定放开一年期（不含一年期）以上定期存款的利率浮动上限，活期存款以及一年期以下定期存款的利率浮动上限（1.5 倍）不变。这体现了“先长期，后短期”的渐进式放开存款利率上限的改革思路。

2015 年 10 月 24 日，中国人民银行决定对商业银行和农村合作金融机构等不再设置存款利率浮动上限。

2016 年 3 月，中国人民银行行长周小川在中国发展高层论坛上发表演讲时表示，中国的利率市场化基本上已经完成，无论是贷款还是存款利率管制都已经取消，金融机构都有自主决定利率的权力。当然，这其中还有很多需要完善的地方，比如中央银行对利率指导的传导机制还需健全。另外，利率形成机制还需在市场上不断磨合、逐渐完善。但从总体上看，我国的利率市场化改革已经取得了巨大的成功。

利率市场化是金融改革的重要环节，也是人民币国际化的条件之一。从长远来看，利率市场化是不以人的意志为转移的，是一种必然的发展趋势。我国将来要继续深化利率改革的过程，从而培育出高水平的金融市场，助推国家经济发展。

利率市场化的作用

①让金融更好地支持实体

金融机构采取差异化的利率策略，可以降低企业融资成本，提升金融服务水平，加大金融机构对企业尤其是中小企业的支持，使融资手段变得多元化。这样就能更好地促使实体经济的发展，也有利于经济结构的调整，促进经济转型、升级。

②增加金融机构获利能力

贷款利率市场化之后，一些金融机构可能会上浮贷款利率，以获得更多的贷款利息收入，增加获利能力。同时，银行在给中小企业贷款的时候，也会更加严格贷款条件，对发展前景好的中小企业优先贷款，这样可以进一步减少不良贷款。另外，还可以增加金融机构之间的市场竞争，进一步提高金融机构服务水平，促进金融服务创新。

③吸引闲置资金

存款利率市场化以后，金融机构可以根据自身特点来决定利率，这样能更加有效地吸纳社会上的闲散资金，从而提高资金的利用效率，更好地创造资金价值，促进经济的发展。

④促进农村金融服务进一步提高

农村信用社是农村金融服务的主力军，如果取消了农村信用社贷款利率上限，就有利于农村信用社自主定价，统一各类金融机构贷款利率政策，营造更加公平的竞争环境，从而促进农村金融服务进一步创新与提高。

4. 利息——实现良好储备的助推者

利息又称子金。从抽象意义上讲，利息是指货币资金向实体经济部门注入并回流时所带来的增值额。而说得直白一点，利息就是借款人因使用借入货币或资本而支付给贷款人的报酬。

根据利率的计算公式，我们可以推出利息的计算公式为：利息＝本金×利率×存款期限。

马克思政治经济学的观点认为，利息实质上是利润的一部分，是剩余价值的特殊转化形式。货币本身并不能创造货币，也不会自行增值，只有当职能资本家用货币购买到生产资料和劳动力后，才能在生产过程中通过雇佣工人的劳动，创造出剩余价值。而货币资本家凭借对资本的所有权，与职能资本家共同瓜分剩余价值。因此，资本所有权与资本使用权的分离是利息产生的内在前提。

另外，由于再生产过程的特点，导致资金盈余和资金短缺者共同存在，这是利息产生的外在条件。当货币被资本家占有，用来充当剥削雇佣工人的剩余价值的手段时，它就成为资本。所有资本家受利益驱使追求剩余价值，利润又转化为平均利润。平均利润分割成利息和企业主收入，分别归不同的资本家所占有。因此，利息在本质上与利润一样，是剩余价值的转化形式，反映了借贷资本家和职能资本家共同剥削工人的关系。

利息的由来

在原始经济中，很多物品的生产量都会大于一定时期的需求量，但有意思的是，在这种“供”大于“求”的情况下，市场上的正常物品价格却不会受到影响。究其原因，是因为大多数人并不会急于将物品降价销售，而是选择将这些物品储备起来。

随着经济的发展，当这些储备得到货币化的表示之后，就构成了货币的积累或者储备机制。说白了，这种储备机制就是生产者或消费者拿出一笔资金充当起一个预期的投资者或想象的消费者，以经济储备的方式暂时“消化”了这些物品，即相当于这些物品根本就没有生产出来或即便是生产出来也都“卖掉”了，从而造成一种延迟的作用。正是这种延迟的作用，维持了供需不变从而使得价格相对比较稳定。

但对于全体消费者来说，进行货币储备还有一个额外的代价——储备的保管费用。这种代价就引发了一个问题：储备到底是由消费者储备好呢，还是由生产企业储备好呢？其实最好的做法应该是建立起一种机制，给予生产储备的企业一笔可观的好处费，从而调动起企业的积极性；同时这种机制还要有把“好处费”在全体消费者中均摊的功能，这样一来，整个良性的、有效率的循环体制就可以自行运转。

事实上，在日常生活中这种机制早已形成了，这就是“利息”的机制。利息很好地完成了储备的任务，并实现了使储备费用最低化的要求。所以说，利息是和货币一样伟大的发明，而这两者加在一起就构成了银行的雏形。

收取利息的原因

人们都清楚，在债务关系中，贷款人向借款人收取利息是再正常不过的事情。那么，贷款人又为何能如此名正言顺地收取利息呢？

①延迟消费

当贷款人把金钱借出时，就等于延迟了对消费品的消费。而根据时间偏好原则，消费者偏好现时的商品会多于未来的商品，所以在自由市场中会出现利息。

②预期的通胀

大部分时候经济会出现通货膨胀，这样就会导致同样数量的一笔资产在未来的购买力比现在少，所以借款人需要以利息的形式来向贷款人补偿通货膨胀期间的损失。

③代替性投资

贷款人对自己的资产享有自由支配的权利，可以进行投资盈利。而贷款人一旦将金钱借出，就等于放弃了投资方式可能带来的回报，所以借款人必须以利息作为筹码来与“投资方式”竞争这笔资金。

④贷款风险

贷款人将金钱借出之后，不排除借款人会出现破产、潜逃或欠债不还的情况，所以贷款人需要收取额外的利息，以保证出现上述情况后，仍可获得部分补偿。

⑤流动性偏好

对于一笔资金，人们常常希望能够随时进行供给交易，而不是需要一定时间才可取回，所以利息也是对这种流动性偏好的补偿。

利息的重要作用

①影响企业行为

利息作为企业的资金占用成本已直接影响到了企业经济效益水平的高低，而企业为了降低成本、增进效益，就会千方百计地减少资金占用量，同时在筹资过程中对各种资金筹集方式进行成本比较。如果全社会的企业都将利息支出的节约作为一种普遍的行为模式，那么经济成长的效率也会随之提高。

②影响居民资产选择行为

在我国居民实际收入水平不断提高、储蓄比率日益加大的条件下，出现了资产选择行为。金融工具的增多为居民的资产选择行为提供了客观基础，而利息收入则是居民资产选择行为的主要诱因。居民重视利息收入并自发地产生资产选择行为，无论对宏观经济调控还是对微观基础的重新构造都产生了不容忽视的影响。从中国目前的情况看，高储蓄率已成为我国经济的一大特征，这为经济高速增长提供了坚实的资金基础，而居民在利息收入诱因下做出的种种资产选择行为又为实现各项宏观调控做出了贡献。

③影响政府行为

利息收入与全社会的赤字部门和盈余部门的经济利益息息相关，因此政府也能将其作为重要的经济杠杆对经济运行实施调节。如果政府用信用手段筹集资金，可以用高于银行同期限存款利率来发行国债，将民间的货币资金吸收到政府手中，用于各项财政支出。

总的来说，利息的作用十分广泛，对经济的发展有着非常重要的影响。而对于我国来说，现阶段仍需加强稳定的社会信用体系，创造有序开放的市场体系等良好的社会经济环境和条件，这样才能发挥出利息的最大作用。

5. 单利与复利的计算

“单利”是只在原来的本金上计算利息，对本金所产生的利息不再另外计算利息，也就是说，它的计算只取决于所借款项或贷款的金额、资金借用时间的长短及市场一般利率水平等因素。而“复利”则除在原来本金上计算利息外，还要把本金所产生的利息重新计入本金，重复计算利息，即以利生利，也就是俗称的“利滚利”。

单利的计算

①计算公式

在利息计算中，经常使用以下符号：

“P”：本金，又称期初金额或现值；

“i”：利率，通常指每年利息与本金之比；

“I”：利息；

“F”：本金与利息之和，又称本利和或终值；

“n”：计息期数，通常以年为单位。

单利利息的计算公式为：I=P·i·n

②单利现值

贴现时使用的利率称为贴现率，计算出来的利息称为贴现息，而扣除贴现息后的余额就称为单利现值。

单利现值的计算公式为：

P=F−I=F−F·i·n=F·（1−i·n）

③单利终值

单利终值是指一定的资金在将来某一时点按照单利方式计算的本利和。单利终值的计算公式为：

F=P+P·i·n=P·（1+i·n）

复利的计算

复利的计算是对本金及其产生的利息一并计算，也就是“利上有利”。其特点是：把上期末的本利和作为下一期的本金，在计算时每一期本金的数额是不同的。

复利现值是指未来一定时间的特定资金按复利计算的现在价值，或者说是为取得将来一定本利和而现在所需要的本金，也可以认为是将来这些面值的实际支付能力。

复利终值是指一笔收支经过若干期后再到期时的金额，这个金额和最初的收支额事实上具有相同的支付能力。简单来讲，就是在期初存入P，以i为利率，存n期后的本金与利息之和，其计算公式为：F=P·（1+i）^n，^代表次亏。

总之，单利和复利在现实中都有其存在的价值。用单利来计算利息，手续简便，易于计算借款成本，并能减轻借款者的负担，主要用于短期信用；而用复利计算利息，更符合利息的定义和信贷关系的本质，并且更注重时间因素所起的作用。这两种计息方式相辅相成，缺一不可。

6. 神奇的复利，小钱袋也能变成大金库

爱因斯坦曾经说过：“复利是世界第八大奇迹，其威力比原子弹更大。”原子核裂变能够产生毁灭一切的威力，而数字的几何式增长所爆发的威力同样令人难以置信。从投资的角度来看，以复利计算的投资报酬效果是相当惊人的。

复利的“72 法则”

所谓的“72 法则”，反映的是复利的计算结果。在运用该法则进行计算时，只需把相应的数字除以预料增长率，就能算出达到目的金额的时间。比如，最初投资金额为 100 元，复息年利率 9%，利用“72 法则”，将 72 除以 9（增长率），得 8。也就是说需要约 8 年的时间，投资金额就可以滚存至 200 元（两倍于 100 元），而准确的时间为 8.0432 年。

复利的力量

关于复利的威力，有一个流传很广的故事。1626 年，荷属美洲新尼德兰省总督花了大约 24 美元从印第安人手中买下曼哈顿岛，而到 2000 年 1 月 1 日，曼哈顿岛的价值已经达到约 2.5 万亿美元。以 24 美元买下曼哈顿岛，看起来是占了一个天大的便宜，但是如果转换一下思路，也许情况就会发生逆转。如果当时的印第安人拿着这 24 美元去投资，那么按照 11%（美国近 70 年股市的平均投资收益率）的投资收益计算，到 2000 年时，这笔 24 美元的资金就将变成 238 万亿美元，远远

高于曼哈顿岛的价值。如此看来，24美元买下曼哈顿岛也许是一个吃亏的买卖。

“滴水成河，聚沙成塔”，利用复利进行投资遵循的就是这个道理。只要懂得运用复利，再小的钱袋也照样能够变成一座大金库。

第七章

「　国际经济交往的纽带　」

——学金融必知的汇率常识

1．汇率是国际经济交往的纽带

先来看一则小故事：有一天，一个外星人到地球参观，看到地球上有两棵野树，一棵种在欧洲，一棵种在中国，都结了野果。

外星人对地球人说："我要买你们的野果吃。"

地球人告诉他说："到中国去买，1 人民币 1 个；到欧洲去买，1 欧元 1 个。"

外星人说："那我用 1 欧元买一个好了。"

地球人说："且慢！其实你不用花钱就可以得到果子。你先从中国借一个果子，到欧洲去换 1 欧元；拿 1 欧元到中国去，就可以换 10 个果子。拿一个果子还给中国人，你就白得了 9 个果子。你再拿这 9 个果子去换 9 欧元，再到中国去换 90 个果子，再拿这 90 个果子再去换 90 欧元，在到中国去换 900 个果子……"

外星人说："哪有这样的好事？"

地球人说："10 人民币 =1 欧元，就是规定了 10 个中国的果子 =1 个欧洲的果子！"

大家从这个故事中读出了什么呢？没错，它引出了"汇率"的概念。

汇率的定义及其作用

汇率是两种货币之间兑换的比率，亦可视为一个国家的货币对另一种货币的价值。简单来说，就是以一种货币表示另一种货币的价格。它又可以称为外汇利率、外汇汇率或外汇行市。

汇率被人们称作国际经济交往的纽带，总体而言，它有三个方面的作用：

一是影响进出口。一般来说，如果本币汇率上升，也就是本币对外币的比值上升，则有利于进口，不利于出口；如果本币汇率降低，也就是本币对外币的比值贬低，则能起到促进出口、抑制进口的作用。

二是影响物价。通常来说，从进口原材料和消费品的角度来看，汇率下降将引起进口商品在国内的价格上涨。至于它对物价总指数影响的程度，则要取决于进口原材料和消费品在国民生产总值中所占的比重。如果汇率上升，而其他条件不变，进口品的价格有可能降低。至于它对物价总指数影响的程度，则取决于进口商品和原材料在国民生产总值中所占的比重。

三是影响短期资本流动。如果本币对外贬值，将导致的结果是：国内外投资者不愿意持有以本币计值的各种金融资产，并会将其转兑成外汇，发生资本外流现象。同时，由于外汇需求过高，会加剧外汇供不应求的现象，从而使得本币汇率进一步下跌。反之，如果本币对外升值，国内外投资者则愿意持有更多的以本币计值的金融资产，从而导致资本内流，本币需求增加，外汇供过于求，进而导致本币汇率进一步上升。

影响汇率变动的主要因素

影响汇率变动有多方面的因素，下面我们简要介绍较为关键的几种。

一是国际收支。国际收支可以说是汇率变动最重要的影响因素，如果一国国际收支为顺差，则外汇收入大于外汇支出，外汇储备增加，该国对于外汇的供给大于对于外汇的需求，同时外国对于该国货币需求增加，则该国外汇汇率下降，本币对外升值；如果为逆差，则外汇收入小于外汇支出，储备下降，对于外汇的需求增加，这时候外汇的汇率就会上升，本币对外贬值。

二是通货膨胀率。通常来说，通货膨胀是存在于任何一个国家的，一般的情况是：如果本国通货膨胀率相对于外国高，则本国货币对外贬值，外汇汇率上升。

三是利率。利率水平对于外汇汇率的影响是通过不同国家的利率水平的不同，促使短期资金流动导致外汇需求变动。如果一国利率提高，外国对于该国货币需求增加，该国货币升值，则其汇率下降。

四是经济增长率。如果一国为高经济增长率，则该国货币汇率高。

此外，诸如财政赤字、外汇储备、汇率政策等，都是影响汇率的重要因素。

2. 汇率变动如何影响一国经济

前面已经简要介绍过汇率的定义、作用以及影响汇率的几个因素，接下来，我们介绍一下汇率的变动是如何影响经济的。

汇率变动对国内经济的影响

①对国内物价的影响

在货币发行量一定的情况下，本币汇率上升会引起国内物价水平下降。因为本币汇率上升，就会使以本币表示的进口商品在国内售价相对便宜，这可以刺激进口的增加，并带动用进口原料生产的本国产品价格下降。另外，由于本币汇率上升，以外币表示的出口商品在国外市场价格升高，降低了出口商品的竞争力，促使一部分出口商品转向国内销售，从而增加了国内市场的供给量，也会引起国内物价水平的下降。反之，在货币发行量一定的情况下，本币汇率下降会引起国内物价水平上升。因为本币汇率下降，一方面，有利于本国商品出口，出口商品数量增加会使国内市场供应发生缺口，促使价格上涨。另一方面，进口商品用本币表示的价格因本币汇率下跌而上升，促使进口的生产资料价格提高，导致以此为原料的国产商品价格上涨；同时，进口的消费资料也因本币汇率的下浮而价格上涨，进口商品数量减少，国内市场商品供应量相对下降，导致国内物价总水平上涨。

②对国内利率水平的影响

在货币发行量一定的条件下，本国货币汇率上升，会导致国内利率总水平上升。因为本币汇率上升不利于商品的出口和国外资本的流入，而有利于商品的进口和国内资本的流出，从而引起本国外汇收入减少、外汇支出增加，使得国内资金总供给减少，国内利率总水平上升。相反，本国货币汇率下降，有利于增加本国外汇收入，增加国内资金供应，导致国内利率总水平下降。因此，凡是高估了货币汇率而有逆差的国家，其国内利率水平必然偏高；而凡是低估了货币汇率而有顺差的国家，其国内利率水平必然偏低。

③对国内就业和居民收入的影响

如果本币汇率下降，在其他条件不变的情况下，将有利于出口而不利于进口，从而有利于本国产业的发展，对于促进国内就业和增加居民收入有一定的帮助；反之，如果本国货币汇率上升，将不利于出口而有利于进口，这就限制了本国经济的发展，引发的后果是国内就业率的下降和居民收入的降低。在经济进入相对过剩、国内就业压力日益加大的情况下，许多国家不时采用各种措施降低本国货币汇率，以达到促进就业和增加居民收入的目的。

汇率变动对对外经济的影响

①对一国资本流动的影响

从长期看，当本币汇率下降时，本国资本为避免货币贬值而带来的损失，常常会逃往国外，特别是存在本国银行的国际短期资本或有其他投资时，也会将其转到国外，以防损失。如果遇上本币汇率上涨，则会使本国资本采取与上述情况相反的措施。当然，也存在一些特殊情况。例如，在近几年，短期内也曾发生美元汇率下降的情况，但较为特殊的是，外国资本反而急剧涌入美国进行直接投资和证券投资，利用美元贬值的机会，取得较大的投资收益，这对缓解美元汇率的急剧下降有一定的好处，但发生这种情况是由美元的特殊地位决定的。

②对对外贸易的影响

本国货币价值下降，具有扩大本国出口、抑制本国进口的作用，从而有可能改变贸易收支逆差的情况。

③对旅游业的影响

对国外旅游者来说，如果本国商品和服务项目相对便宜，可促进本国旅游业的发展及有关贸易收入的增加。

汇率变动对黄金外汇储备的影响

储备货币的汇率变动会影响一国外汇储备的实际价值，具体表现为，当储备货币升值时，一国外汇储备的实际价值会相应提高，反之则会降低。

本国货币汇率变动，会通过资本转移和进出口贸易额的增减，直接影响本国外汇储备的增加或减少。

3．人民币汇率升值，是否利大于弊

1997 年 7 月 2 日，亚洲金融风暴席卷泰国，致使泰铢贬值。不久，这场严重的金融风暴又扫过了马来西亚、新加坡、日本、韩国、中国等地，打破了亚洲经济迅速增长的景象。亚洲一些经济大国开始出现经济萧条的状况，一些国家的政局也开始混乱。在亚洲金融风暴中，中国承受了巨大的压力，承诺坚持人民币不贬值。中国的承诺增加了东南亚各国的信心，为战胜金融危机做出了一定的贡献。

但近些年，一些发达国家开始要求人民币升值，不少人会问：人民币汇率升值到底意味着什么呢?

何为人民币升值的概念及其影响因素

人民币升值，用最简单易懂的话来解释，就是人民币在国际市场上的购买力相较之前增强了。比方说，在国际市场上，原来 1 元人民币只能买到 1 单位的商品，人民币升值后就能买到更多单位的商品了，人民币升值或贬值是由汇率直观反映出来的。

那么，什么因素会促使人民币汇率升值呢?

①外部压力

2002 年 2 月 22 日，日本财务大臣盐川正十郎在 OECD 七国集团会议上向其他六国提交提案，要求人民币升值。日本政府要求人民币升值的主要原因是，其认为中国向世界各国特别是亚洲国家输出了通货紧缩。而到了 2003 年 6 月—7 月，美国财政部部长约翰 · 斯诺（John Snow）和美联储主席艾伦 · 格林斯潘（Alan Greenspan）分别先后公开发表谈话，希望人民币选择更具弹性的汇率制度。他们认为，钉住汇率制度将给中国经济带来一定的问题。随后，美国的商务部部长、劳动部部长也发表了类似的观点。

②内部因素

首先，我国资本项目和经常项目“双顺差”的情况导致了国内外汇储备数额较大，这是使人民币升值最主要的内部原因。中国外汇储备的总体规模在 2006 年 2 月底首次超过日本，位居全球第一；中国 2009 年的外汇储备余额突破 2 万亿美元，达到 2.399 万亿美元，领先全球各先进国家。这种情况将不可避免地导致美国和其他贸易伙伴国要求人民币升值。其次，中国持续稳定快速增长的经济，奠定了人民币汇率上升的经济基础。根据经济学理论，一个国家长期的经济增长，必定会引起该国货币的走强。最后，美元持续贬值是导致人民币对美元升值步伐加快的主要因素。美国的次贷危机爆发以来，美元持续走弱，包括人民币在内，欧元、日元等货币都面临着升值的压力。而美联储的持续降息使得中美利差进一步“倒挂”，加剧了人民币的升值压力。当然，每个时期的经济走势不同，近两年来，由于各方面原因，人民币也面临着一定的贬值压力。

人民币升值会带来的影响

人民币升值就如一把双刃剑，既会带来积极影响，也可能会带来消极影响。

能带来哪些方面的积极影响呢？人民币升值将有利于促进国内资本投资于海外，打破发达国家的技术封锁，有利于引进国外先进技术，同时促进国内企业的技术提升和进步；有利于国内企业到货币相对贬值的发达国家投资，建立本国商品的销售网络；有利于削减本国商品在这些国家的推广宣传成本，将进出口与海外投资结合起来，提高我国出口企业的综合经济效益；也将会提高大部分出口企业的盈利水平，有利于我国出口企业技术提升和产品升级转型，提升自身竞争实力和持续发展能力；人民币升值后，国家为购买外汇支付的人民币相对减少，有助于减少人民币的投放，从而防止通货膨胀等。

当然，也可能带来消极影响。首先，人民币升值会导致进口商品的价格下降，出口商品的价格上升，从而很可能会刺激进口，抑制出口，减少国际贸易顺差，造成部分企业经营困难和就业率下降；其次，将使外商直接投资成本上升，对外商直接投资产生一定的不利影响，从而制约外商直接投资的增加；最后，人民币升值使得外国游客来华的旅游成本上升，不利于旅游业的发展，同时可能会造成国家外汇储备贬值，造成一定的损失。

4．关于汇率决定的购买力平价说

说到购买力平价，有一个简单而幽默的例子就是“巨无霸”指数，该指数是因《经济学人》杂志的使用而闻名于世的。《经济学人》杂志将麦当劳在各国的分店中卖的“巨无霸”汉堡包的价格进行了比较：如果一个“巨无霸”在美国的价格是 2 美元，而在英国是 1 英镑，那么美元与英镑的购买力平价汇率就是 1 英镑 =2 美元；如果当前市场汇率是 1 英镑 =1.7 美元，那么英镑就被称为低估通货，而美元则被称为高估通货。

这个案例形象而活泼地向我们讲述了“购买力平价”的意思。那么，购买力平价背后究竟有何奥秘呢?

购买力平价及其作用

购买力平价是由瑞典经济学家古斯塔夫·卡塞尔提出的。在经济学上，它是一种根据各国不同的价格水平计算出来的货币之间的等值系数，以对各国的国内生产总值进行合理比较。

通常来说，汇率可以用于比较不同国家之间的生活水平，因为现行的货币汇率对于比较各国人民的生活水平将会产生误导。举个例子，如果墨西哥比索相对于美元贬值一半，那么墨西哥以美元为单位的国内生产总值也将减少一半，可是这并不表明墨西哥人的生活水平下降了。如果以比索为单位的收入和物价水平保持不变，而且假设进口货物对墨西哥人的生活影响并不大，那么货币贬值并不会给墨西哥人的生活质量造成不良影响。对于这类误导，如果采用购买力平价就可以避免。

然而，尽管购买力平价可以避免误导生活水平的问题，但必须指出的是，即使使用正确的购买力平价，人均国内生产总值也只能体现一个国家经济的整体状况，而不能直接衡量该国居民的生活水平。因为还有很多其他指标，如公共服务的质量和水平、污染程度、消费者保护法的实施力度等很难测定，并且未在国民生产总值中反映出来。所以，即使是用购买力平价调整过的人均国民生产总值也要谨慎使用，因为它只是生活质量的众多指标之一。

对购买力平价理论的评价

许多经济学家认为，购买力平价是影响力较大的汇率理论，原因有以下几个方面：首先，货币具有购买力这一基本功能，而购买力平价理论就是从货币这一基本功能的角度出发，来分析货币的交换问题，它易于理解，符合逻辑，表述简洁；其次，购买力平价所涉及的一系列问题都是汇率决定中非常基本的问题，处于汇率理论的核心位置；最后，购买力平价被普遍作为汇率的长期均衡标准而应用于其他汇率理论的分析中。

然而，也有不少经济学家指出购买力平价理论存在着缺陷，例如，国际流动资本对汇率有一定的影响，但购买力平价理论无法很好地体现，尽管购买力平价理论在揭示汇率长期变动的根本原因和趋势上有其不可替代的优势，但在中短期内，国际资本流动对汇率的影响越来越大。又如，有关专家指出购买力平价理论忽视了非贸易品因素，也忽视了贸易成本和贸易壁垒对国际商品套购的制约。

5．汇率政策目标与汇率政策工具

汇率政策是指一国政府利用本国货币汇率的升降来控制进出口及资本流动以达到国际收支均衡之目的。汇率政策主要包括汇率政策目标和汇率政策工具。

汇率政策的目标和工具

总的来说，汇率政策是使用一定的汇率政策工具以达到一定的汇率政策目标，因此汇率政策目标决定了汇率政策工具的选取。

汇率政策的目标主要有以下几个方面：一是稳定物价，避免价格波动过大；二是保持出口竞争力，实现经济增长及国际收支平衡的目标；三是防止汇率的大幅度波动，稳定金融体系。

而汇率政策的工具又有哪些呢？首先是汇率制度的选择。汇率政策中最主要的是汇率制度的选择。汇率制度是指一个国家政府对本国货币汇率水平的确定、汇率的变动方式等问题所做的一系列安排和规定。经济结构决定论认为，一国的经济结构特征是决定该国选择何种汇率制度的根本因素。汇率制度传统上按照汇率变动的幅度分为固定汇率制度和浮动汇率制度两大类。其次是汇率水平的确定。各国的汇率水平主要是根据各国的实际国情来确定的。最后是汇率水平的变动和调整。汇率水平的变动一定要与汇率机制的形成有机地联系在一起，如果只是单纯地调整汇率水平而不调整汇率机制，汇率水平就很难有效地发挥作用。值得一提的是，改革汇率机制，必须在经济相对平稳、态势良好的状态下进行。

我国的汇率政策现状

目前，我国实行的是以市场供求为基础、参考一篮子货币价格、有管理的浮动汇率制度。在过去几年里，人民币汇率基本保持稳定，这有助于我国经济的良好发展和社会的和谐稳定，同时也为维护亚洲乃至世界金融和经济的稳定做出了贡献。我国经济的稳定发展将为周边国家乃至世界各国提供更大的市场和更多的投资机会，为全球经济注入新的活力。事实证明，保持人民币汇率在合理、均衡水平上的基本稳定，既有利于中国经济的稳定和发展，又有利于亚洲地区和世界经济的稳定和发展。以市场供求为基础的、有管理的浮动汇率制度，符合中国实际，应当长期坚持。

我国将保持人民币汇率在合理、均衡水平上的基本稳定，在深化金融改革中进一步探索和完善人民币汇率形成机制，发挥市场配置资源的基础作用，增强汇率杠杆对经济的调节作用，采取多种措施促进国际收支平衡。我国四大宏观调控目标包括保持国际收支平衡、促进经济增长、增加就业及稳定物价。充分利用国际国内两个市场、两种资源，实现国际收支基本平衡、略有节余是一项重要的方针。

因此，必须认真落实“引进来”和“走出去”相结合的方针，在继续扩大内需、加快结构调整的同时，加大涉外经济政策的调整力度，改善国际收支平衡，促进国民经济持续稳定快速发展。固定汇率一方面妨碍了中国自己的货币政策，造成资源错配；另一方面也不利于中国的国际化进程和经济结构调整。人民币汇率的调整属于结构性调整，是必要的，符合我国的国情和发展的需要。

6. 汇率决定理论：汇率政策的制定依据

如果你曾留意金融消息，那么一定会发现：几乎每则金融消息都会提到当天的汇率变动状况。汇率为什么会如此重要？汇率决定理论又是如何发展的呢？

汇率决定理论是国际金融理论的核心内容之一，主要分析汇率受什么因素决定和影响。它随着经济形势和西方经济学理论的发展而发展，为一国货币部门制定汇率政策提供理论依据。其内容主要有国际借贷学说、购买力平价学说、利率平价学说、国际收支学说、资产市场学说。由于购买力平价学说在前面的章节已经有所介绍，所以这里着重介绍其他几种学说。

国际借贷学说

国际借贷学说出现和盛行于金本位制时期，可追溯到 14 世纪，而完整的理论则是 1961 年由英国学者提出的。该学说认为，外汇市场上的供求关系决定汇率，而外汇供求又源于国际借贷。国际借贷可以分为固定借贷和流动借贷两种，前者指借贷关系已形成，但未进入实际支付阶段的借贷；后者指已进入支付阶段的借贷。而影响外汇供求的是流动借贷的变化。这一理论有一定的缺陷，主要是未能解释清楚具体影响外汇供求的因素。

利率平价学说

这一学说是由凯恩斯和爱因齐格共同提出的。他们认为，两个国家利率的差额等于远期兑换率及现货兑换率之间的差额。也就是说，远期差价是由两国利率差异决定的，并且高利率国家的货币在期汇市场上必定贴水，即远期汇率高于即期汇率；低利率货币在期汇市场上必定升水，即远期汇率低于即期汇率。但是，这个理论具有一定的缺陷，比如，该学说假定不存在资本流动障碍，假定资金可以不受限制地在国际间流动，但实际上，资金在国际间流动会受到外汇管制和外汇市场不发达等因素的阻碍。

国际收支学说

“二战”后，随着凯恩斯主义的宏观经济分析被广泛地认可，很多学者应用凯恩斯模型来说明影响国际收支的主要因素，分析这些因素如何通过国际收支作用到汇率，从而形成国际收支说的现代形式。国际收支学说指出了汇率和国际收支间存在的密切关系，有利于全面分析短期内汇率的变动和决定因素。它是关于汇率决定的流量理论，核心思路是国际收支引起的外汇流量供应决定了短期汇率水平及其变动。

资产市场学说

这一理论从中短期的角度来分析汇率的决定及汇率的变动。资产市场学说强调货币市场和货币存量的供求情况对汇率决定的影响，认为各国货币存量的供求是决定汇率的主要因素。汇率决定于货币市场的均衡而不是商品市场的均衡，其变化由两国货币供求关系的相应变化而引起。从长期来看，承认购买力平价理论，即过多的货币供应所引起的通货膨胀，必然使该国货币汇率下浮；从短期来看，两国金融资产的供求情况，即人们自愿持有或放弃这些金融资产的情况决定汇率。

第八章

「为何钱不值钱了」

——学金融必知的通货膨胀与紧缩常识

1．通货膨胀让你的钱变得不值钱

20世纪五六十年代，一个人的存款如果有500元，他可能就是富豪了。500元在当时可以做什么呢？毫不夸张地讲，可以买一套房。而今天，一套房的价格是当年的数千倍，而500元也许只是一个人十天半个月的生活费用。于是大家都感慨万千：钱，真的是越来越不值钱了。

价格上涨，与供求关系和成本变化有关

很多人不明白，为什么钱会越来越不值钱。其实，价格与供求关系和成本息息相关，因此价格上涨一个方面的原因是纠正了长期以来不合理价格的关系。特别是在资源方面，我国的石油、天然气等资源产品长期以来都依赖进口，从供求关系上看，资源价格上涨是必然的。因此，为了保障民生，我国采取国家补贴等宏观调控措施以控制资源的价格。而在市场条件恰当的时候，资源价格的调整则是中国资源长期低价正常回归的必然结果。

价格上涨，与通货膨胀有关

有这样一个流传甚广的小故事：在德国，1921年1月每份报纸的价格为0.3马克，随后上升为1922年5月的1马克、1922年10月的8马克、1923年2月的100马克，直到1923年9月的1000马克。在1923年秋季，价格实际上飞涨起来了：一份报纸的价格在10月1日为2000马克、10月15日为12万马克、10月29日为100万马克、11月9日为500万马克，直到11月17日为7000万马克。一份报纸的价格在几年当中迅速飞涨，其中的原因离不开“通货膨胀”。

那么，中国的情况怎样呢？据相关资料，1937年国民党发行的100元法币可买到两头牛（1935年，国民党政府实行“法币改革”，规定中央、中国、交通三行所发行的钞票为“法币”），1938年只能买一头牛，1939年可买一头猪，1941年能买到一袋面粉，1943年能买一只鸡，1945年能买一个煤球，到了1948年，只能买到几粒大米。这些夸张的描述，无不告诉了我们通货膨胀的“威力”。

不管是何种原因引发的价格调整，价格的总体趋势都是向上的，单位货币购买力下降已经逐渐成为一个不争的事实。

2. 通货膨胀的发生

通货膨胀，指的是在信用货币制度下，流通中的货币数量超过经济实际需要而引起的货币贬值和物价水平全面而持续的上涨。通俗易懂的说法是，在一段给定的时间内，给定经济体中的物价水平普遍持续增长，从而造成货币购买力的持续下降。

通货膨胀的“历史”

人们今天所认识到的“通货膨胀”，其实在我国历史上早就存在了，其中较为著名的是金属铸币时期的货币贬值。我国历史上出现过铜、银、金、铁、铅等金属铸币，以铜铸币为主。我国古代在发行铜铸币时，出现过多次名义价值和实际价值不符，从而引起货币贬值、物价上涨、社会不稳定的现象。

而“通货膨胀”一词，据说起源于美国南北战争时期。南北战争时期，联邦政府总共发行了4.5亿美元“绿背”（1863年，政府被授权发行钞票，因背面印成绿色而被称为“绿背”，一直沿用至今），占战争费用融资的13%，使物价水平上涨到战前的180%。大量的发行使得“绿背”币值迅速下跌，物价上涨，好像空气吹入布袋似的膨胀起来，于是被称为“通货膨胀”。

通货膨胀发生的原因

造成通货膨胀的直接原因，是国家货币发行量的增加。政府通常为了弥补财政赤字或刺激经济增长、平衡汇率等增发货币，而其深层次的原因则是多方面的：

第一，需求增加。当经济运行中的总需求过度增加，且超过了既定价格水平下商品和劳务等方面的供给时，就容易引发通货膨胀。

第二，成本增加。这里指的是成本或供给方面的原因形成的通货膨胀。由于厂商生产成本增加而引起的一般价格总水平的上涨，进而造成成本增加的原因也是多方面的，比如生产材料价格上涨、工人薪资过度上涨、利润过度增加等。

第三，经济结构失调。如果一国的部门结构、产业结构等国民经济结构失调，也易引发通货膨胀。我国目前仍然存在着较为严重的经济结构失调问题，因而结构失调型通货膨胀在我国也时有发生。

第四，供给不足。在社会总需求不变的情况下，社会总供给相对不足，也会引起通货膨胀。例如，在20世纪70年代，我国曾出现过隐蔽型通货膨胀，很大一部分原因就是社会生产力遭到严重破坏，商品供给严重匮乏。

在实际情况中，造成通货膨胀的原因往往不是单一的，而那种由各种原因同时引发的价格水平上涨，就是供求混合推进的通货膨胀。比如说，假设通货膨胀是由需求拉动开始的，即过度的需求增加导致价格总水平上涨，价格总水平的上涨又成为工资上涨的理由，工资上涨又形成成本推进的通货膨胀，这实际上是各种因素混合作用的结果。

3. 通货膨胀是“窃贼”也是“慈善家”

有一种经济现象被称为“世界上的头号窃贼”，它一出现就从所有人手中窃取财富。不过它也是世界上最慷慨的施舍者，“它对债务人、不动产所有者的赠予超过了所有慈善事业、捐献、捐赠的总和”。这种经济现象就是通货膨胀。

从上述生动形象的比喻中，我们不难发现，通货膨胀是有利有弊的。

通货膨胀的益处

经济学家研究发现，适度的通货膨胀对经济的发展是有一些益处的：

第一，适度的通货膨胀有利于促进消费。如果物价保持不变，人们当然更愿意增加储蓄，而不愿意消费，因为不需要顾虑物价上涨，消费大可放到以后，但储蓄却可以带来利息收益，促进财富增长。然而，通货膨胀将导致物价上涨，如果通货膨胀适度，将会促使人们端正态度，理性对待储蓄利息的获取，对利息的预期将会降低，得出过度储蓄不如适度消费的结论，从而鼓励消费，使消费活跃起来。

第二，通货膨胀有利于不同经济区域均衡发展。相关研究指出，当一些发达地区或发达国家的经济快速发展而积累了一定量的通货膨胀后，它将会使另一些欠发达地区或欠发达国家得到发展的机会。其原因是：经济发展速度较快的国家，随着资本的增加和通货膨胀的发生，国内物价水平将会普遍上涨，并最终导致出口损失。因为国内商品价格的上涨，导致国内商品无法销往国外，国外的商品尤其是欠发达的发展中国家就会呈现出商品的廉价性，从而促进国外商品的进口。其结果是，价格优势将促使发达国家从不发达国家进口商品，使在经济发展上速度较慢的国家得到发展的机遇。

通货膨胀的弊端

通货膨胀在不少经济学研究者的眼中确实存在一定的弊端，特别是恶性的通货膨胀，会对经济的发展造成较大的负面影响。

第一，在通货膨胀的情况下，货币持有者将面临购买力下降的风险。为此，企业和居民都会尽力把现金转化为实物资产或增加目前的消费，致使社会储蓄率下降，从而使投资率和经济增长率下降。

第二，持续通货膨胀会导致市场价格机制遭受严重破坏，企业和居民面对不断变化的价格，很可能会做出错误的决策，导致资源错配现象，从而影响经济增长。

第三，许多国家实行累计税政策，而在发生通货膨胀时，企业和个人将会因为名义收入的提高而承担较高的税负，这会影响生产的积极性，不利于经济增长。

第四，如果通货膨胀超过一定时间，企业和居民便会产生预期，造成物价与生产成本的大幅度上涨，形成恶性通货膨胀，并有可能导致经济崩溃。

4. 通货紧缩成为经济衰退开端的原因

关于通货紧缩的含义，在国内外还没有统一的认识，从争论的情况来看，大体可以归纳为以下三种：

第一种观点认为，通货紧缩是经济衰退的货币表现，因而必须具备三个基本特征：一是物价的普遍持续下降；二是货币供给量的连续下降；三是有效需求不足，经济全面衰退。这种观点被称为“三要素论”。

第二种观点认为，通货紧缩是一种货币现象，表现为价格的持续下跌和货币供给量的持续下降，即所谓的“双要素论”。

第三种观点认为，通货紧缩就是物价的全面持续下降，被称为“单要素论”。

综上所述，尽管对通货紧缩的定义仍有争论，但对于物价的全面持续下降这一点却是有共同认识的。

通货紧缩产生的原因

尽管各个国家在各个时期产生通货紧缩的原因不尽相同，但是从总体上看，还是有一些共同点的。

第一，经济周期的变化。当一个国家的经济高度发展，处于繁荣的高峰阶段时，会因为生产力大量过剩出现商品供过于求的现象，进而导致物价的持续下降，引发周期性的通货紧缩。

第二，消费和投资的需求不足。当经济发展态势不佳、人们预期实际利率会接着下降时，消费和投资需求也会跟着减少，而总需求的减少会使物价下跌，形成需求不足而引起通货紧缩。

第三，金融体系效率的降低。如果在经济过热时，银行信贷扩张不理性，会造成大量坏账的发生，形成大量不良资产，金融机构自然就会减少贷款的发放，加上企业和居民对经济发展的不良预期形成的不想贷、不愿贷行为，必然使得信贷萎缩，社会总需求减少，导致通货紧缩。

第四，汇率制度存在一定的缺陷。如果一国实行钉住强币的联系汇率制度，本国货币又被高估，就会导致出口下降，国内商品过剩，进而导致企业经营困难，社会需求减少，那么物价就会持续下跌，从而形成外部冲击性的通货紧缩。

第五，国家制定紧缩性货币政策。如果一国采取紧缩性的货币政策，采用减少货币供应量、削减公共开支、减少转移支付的措施，就会使得商品市场和货币市场出现失衡，从而引起政策紧缩性的通货紧缩。

通货紧缩导致经济衰退的原因

通货紧缩是经济衰退噩梦的开端。那么，这是如何体现的呢？

第一，物价的持续普遍下跌使得企业的产品价格下跌，企业利润减少甚至发生亏损，这将严重打击生产者的积极性，使生产者减少生产甚至停产，结果会对社会经济增长产生负面影响。

第二，物价的持续普遍下跌会使实际利率升高，这将有利于债权人而损害债务人的利益。而社会上的债务人大多是生产者和投资者，债务负担的加重无疑会影响他们的生产与投资活动，从而对经济增长造成不良的影响。

第三，物价下跌引起的企业利润减少，不仅会影响生产者的生产积极性，还会使失业率上升，实际就业率低于充分就业率，实际经济增长低于自然增长。

通货膨胀与通货紧缩的联系和区别

先说联系。两者都是因为社会总需求与社会总供给不均衡而导致的，也就是说，当货币发行量大于流通中实际需要的货币量时，易产生通货膨胀；反之，则会引起通货紧缩。并且，这两者都可能导致价格信号失真。通货膨胀将导致物价上涨，恶性的通货膨胀将会产生一定的危害性；而通货紧缩，同样是经济衰退噩梦的开端。

再说区别。第一，两者的实质不同。通货膨胀的实质是社会总需求大于社会总供给，而通货紧缩的实质是社会总需求持续小于社会总供给。第二，两者的表现不同。通货膨胀最直接的表现是纸币贬值，物价上涨，购买力降低；通货紧缩则表现为物价低迷，大多数商品和劳务价格下跌。第三，两者带来的危害性不同。长期的通货膨胀使得货币贬值，有可能导致社会经济生活秩序混乱，不利于经济的发展；而通货紧缩会导致物价下降，从长远看会严重影响投资者的信心和居民的消费心理，导致恶性的价格竞争。

5. CPI 不能全权代表通货膨胀

通货膨胀率，通常被用来衡量通货膨胀以及货币贬值的程度，是货币超发部分与实际需要货币量的比值。

而在经济学上，人们对通货膨胀率的理解是：通货膨胀率为物价平均水平的上升幅度。可以用气球来类比，若物价平均水平为气球的体积，那么通货膨胀率就是气球的膨胀程度。也有说法指出，通货膨胀率为货币购买力的下降程度。

通货膨胀率的计算

前面说过，经济学上，通货膨胀率为物价平均水平的上升幅度。那么，通货膨胀率如何测量呢？理论上来说，年度通货膨胀率可用以下公式来进行测量：

通货膨胀率 =（现期物价水平 - 基期物价水平）/ 基期物价水平

即：T=（P1-P0）/P0

然而，在实际中，我们一般不直接也不可能计算通货膨胀，而是通过消费者价格指数的增长率来间接表示。其原因是，消费者价格是反映商品经过流通各环节形成的最终价格，它最全面地反映了商品流通对货币的需要量，因此消费者价格指数是最全面、充分反映通货膨胀率的价格指数。目前，世界各国基本上都用消费者价格指数也就是 CPI 来反映通货膨胀的程度，我国通常也将 CPI 称为居民消费价格指数。

CPI 不完全等于通货膨胀

尽管如今世界各国多采用 CPI 这一经济指标来衡量通货膨胀，然而我们必须清楚的一点是，CPI 也不完全等同于通货膨胀。

首先，通货膨胀率是指 CPI 增长的百分比，假设 2016 年 CPI 为 100，2017 年 CPI 为 105，那么我们就可以说通货膨胀率为 5%。

而在通货膨胀率公式“通货膨胀率 =（现期物价水平 - 基期物价水平）/ 基期物价水平”中，通货膨胀率不是价格指数，即不是价格的上升率，而是价格指数的上升率。

举个例子，假如一个国家的消费者价格指数从 2016 年的 100 增加到 2017 年的 112，那么这一时期的通货膨胀率就为 T=（112–100）/100=12%，也就是说通货膨胀率为 12%，表现为物价上涨 12%。

一般来说，计算通货膨胀率时是经常采用 CPI 的，只是通货膨胀率不等于 CPI。这里要强调的是 CPI 通常是一个数字，而不是一个百分比。

实际上，通货膨胀率和物价上涨率的计算是不相同的。CPI 是居民消费价格指数，只计算居民的消费品，不包括其他方面，但是这是衡量通货膨胀最重要的指标。通货膨胀是物价的普遍上涨，用以衡量的除了居民消费价格指数外，还有 PPI，也就是工业品工厂价格指数。

第九章
「谁都躲不开的风暴」
——学金融必知的危机常识

1．谁都无法躲开的金融危机

所谓金融危机，指的是金融领域中的危机。金融资产的流动性非常强，因此金融的国际性非常强，而金融危机的导火索，可以是任何国家的金融市场、金融产品或金融机构等，具体表现为金融资产价格大幅下降、金融机构倒闭或濒临倒闭，或者某个金融市场如股市、债市价格大幅度下跌等。

金融危机的类型

金融危机主要可以分为货币危机、债务危机、银行危机、次贷危机等类型，但在如今，金融危机的表现形式并不单一，反而越来越呈现出某种混合形式，其特征是人们基于对未来经济发展更悲观的预期，整个地区出现大幅度货币贬值的现象，经济总量与经济规模出现较大的损失，经济增长受到严重打击。在这种环境下，企业将面临倒闭的风险，失业率随之上升，社会经济出现萎缩，甚至有些时候伴随着社会动荡或国家政治层面的动荡。

金融危机的几个经典案例

1. 亚洲金融危机

1997 年 7 月 2 日，亚洲金融风暴席卷泰国，致使泰铢贬值。紧接着，这场金融风暴扫荡了马来西亚、新加坡、日本、韩国、中国等国家，波及范围广，打破了亚洲经济急速发展的良好态势。这场危机导致亚洲一些经济大国的经济开始出现萧条，一些国家的政局也开始出现混乱的局面。

2. 美国金融危机

2007 年，由美国次贷危机引起的华尔街风暴逐步演变为全球性的金融危机，整个过程发展迅速，影响范围广，可谓是始料不及。大体上说，美国金融危机可以分为三个阶段：第一个阶段是债务危机，主要是因为住房贷款人无法按时还本付息引起的问题；第二个阶段是流动性的危机，即由于债务危机一些有关金融机构不具备足够的资金流动性来兑付债权人变现的要求；第三个阶段是信用危机，也就是人们对建立在信用基础上的金融活动产生怀疑而造成的危机。

2. 世界上的任何投资都有风险

有这样一个滑稽的小故事：一位男士带着一位漂亮的小姐，来到一家知名品牌皮包店。他为小姐选了一个价值 6 万元的手提包。付款时，男士掏出支票本，十分潇洒地签了一张支票，对此，店员有些为难。男士看穿了店员的心思，淡定地对店员说："你担心这是一张空头支票，对吗？今天是周六，银行关门。我建议你把支票和包都留下，等到下周星期一支票兑现之后，再请你们把包送到这位小姐的府上。这样行不行？"店员听了，十分放心，欣然接受了这个建议。到了周一，店员拿着支票去银行入账，没想到竟然是一张空头支票！愤怒的店员打电话给那位男士，男士却对他说：“没关系呀，你和我都没有损失。上星期六的晚上我已经和那个女孩吃了一顿丰盛的大餐，她主动买了单。多谢您的合作。”

以上这个小故事尽管在现实生活中不太可能发生，但却揭示了一个道理——人们在对未来收益充满良好预期的时候，就可能忽略掉巨大的风险，这就是金融风险的本质。美女以为下周一就能收到价值6万元的名牌皮包，于是大胆“投资”而放松警惕。然而，她有所不知，这世界上的任何投资都具有一定的风险。

金融风险，顾名思义，指的就是与金融有关的风险，如金融市场风险、金融产品风险、金融机构风险等。而按照风险来源的不同，金融风险大致可以分为以下几种类型。

市场风险

它指的是由于市场因素的波动而导致的金融参与者的资产价值变化的风险。市场因素主要包括利率、汇率、股价以及商品价格等，这些因素对金融参与者造成的影响可能是直接的，也可能是通过对其竞争者、供应商或者消费者所造成的间接影响。

信用风险

它指的是由于借款人或市场交易对手无法偿付的失信行为而导致损失的风险。几乎所有的金融交易都涉及信用风险问题，除了传统的金融债务和支付风险外，近年来随着网络金融市场的日益壮大，网络金融信用风险问题也越发引人注目。

流动性风险

它指的是金融参与者由于资产流动性降低而导致可能损失的风险。当金融参与者无法通过变现资产或者无法减轻资产作为现金等价物来偿付债务时，就会存在流动性风险。

操作风险

它指的是由于金融机构的交易系统不完善，管理失误或其他一些人为错误而导致金融参与者潜在损失的风险。目前对操作风险的研究与管理正日益受到重视，从定性方面看，各类机构不仅通过努力完善内部控制方法来减少操作风险的可能性；从定量方面看，它们还将一些其他学科的成熟理论（如运筹学方法）引入了操作风险的精密管理当中。

3. 信用的崩盘——次贷危机

要理解次贷危机，首先我们需要知道什么是“次贷”。次贷，就是次级按揭贷款的简称，指的是给信用状况、收入、实力等各方面条件较弱的个人提供的按揭贷款。次贷具有高风险、高收益的特征，与传统意义上的一般抵押贷款不同。原因是次贷对贷款者的信用和还款能力的要求较低，但是相应的贷款利率也比一般意义上的抵押贷款要高。历史上最著名的次贷危机，莫过于2007年于美国爆发的次贷危机，那么，就让我们具体来看看这场危机的来龙去脉。

这场次贷危机产生的原因

首先，对于这场次贷危机发生的原因，一般看法都认为主要是金融监管制度的缺失造成的——华尔街投机者钻制度的空子，弄虚作假，出现失信行为，欺骗大众。也有说法认为，这场危机的根本原因在于美国近30年来加速推行的新自由主义经济政策。自20世纪80年代初里根执政以后，美国一直通过制定和修改法律，放宽对金融业的限制，推进金融自由化和金融创新。在这样的大环境下，美国的投机气氛日益浓厚，加上弥漫全社会的奢侈消费文化和对未来经济繁荣的盲目乐观，为普通民众的借贷超前消费提供了可能。

其次，利率的下降使得住房市场繁荣。2006 年之前，美国为刺激经济发展，实施低利率政策，使得住房市场持续繁荣，随之而来的是美国的次级抵押贷款市场也迅速发展起来。众所周知，在美国，贷款是非常普遍的现象，美国人基本上都是长期贷款。当房价较高时，银行发放贷款的要求下降，却并不担心借款人没有能力偿还，因为可以将抵押的房屋拍卖或者出售后收回银行贷款。

最后，分期付款利率的提高降低了住房市场的热度。当美国短期利率提高后，次贷还款利率也大幅上升，购房者还贷压力越发增大，住房市场的热度就下降了。当借款人无力偿还贷款时，银行就会将其房屋出售，可由于房价突然下降，银行出售房屋得到的资金无法弥补当时的贷款和利息，甚至都无法弥补贷款额本身，这样银行就会在这次贷款中出现亏损。少数几个借款人出现这样的问题还好，但由于分期付款的利息上升，加上这些借款人本身就是次级信用贷款者，于是就造成了大量无法还贷的借款人。正如上面所说，银行收回房屋，却卖不到高价，大面积亏损，最终引发了次贷危机。

美国次贷危机带来的影响

美国次贷危机，指的是 2007 年 8 月，发生在美国的一场因次级抵押贷款机构破产、投资基金被迫关闭、股市强烈波动而引起的金融风暴。这场次贷危机对国际金融秩序造成了极大的冲击和破坏，使金融市场产生了强烈的信贷紧缩效应，也暴露了国际金融体系长期积累的系统性金融风险。而这场起源于美国的次贷危机甚至波及全球，使得全球金融体系受到重大影响，危机冲击了实体经济，毫无例外，中国也受到次贷危机的影响。

4. 虚假的繁荣——金融泡沫

所谓金融泡沫，指的是一种或一系列的金融资产在经历连续的涨价之后，市场价格大于实际价格的经济现象。它主要是因为经济上的宏观调控不当，结果投资过度，引发资产价格大幅上涨，而盲目追求经济增长又使得国内投资规模急剧膨胀，从而导致虚假繁荣的现象。金融泡沫开始破灭时，引发的后果通常是人们的消费情绪高涨，物价节节攀升，人们不愿意储蓄而一味倾向于消费。

产生金融泡沫的原因

关于金融泡沫产生的过程，知名研究人员宋鸿兵把它形象地比喻为"放水养鱼"。那个过程就好比银行家们在鱼塘里养鱼，当银行家打开阀门向鱼塘里放水时，就是在放松银根，也就是采取积极的货币政策，向经济体大量注入货币；在得到大量金钱之后，各行各业的人就开始在金钱的诱惑下努力工作，创造财富，而这个过程就像水塘里的鱼儿使劲吸收各种养分，越长越肥；而当银行家们看到收获的时机成熟时，就会关上阀门，突然收紧银根，也就是采取消极的货币政策，开始从鱼塘中抽水，这时鱼塘里的多数鱼儿就只有绝望地等着被捕获的命运。

历史上典型的金融泡沫

历史上有哪些著名的金融泡沫呢？让我们一起来看看。

①荷兰的郁金香泡沫

17 世纪中期时，郁金香从土耳其被人们引入西欧，当时由于量少价高，被上层阶级视为财富与荣耀的象征，从而引发了一场疯抢荷兰郁金香的热潮。在抢购荷兰郁金香的狂潮达到顶峰的时候，花球的价格曾一度飙升到 5500 荷兰盾，这个价格当时可以在阿姆斯特丹购买一幢很好的、毗邻运河的河景房。最终，虽然泡沫的破裂对荷兰经济整体的影响甚微，但是整个事件使得社会信任度下降，破坏了金融市场的稳定健康发展。

②法国的密西西比泡沫

在 1716 年，生于苏格兰的经济理论家约翰·劳曾夸下海口说，他能够让饱受战争摧残的法国经济恢复活力。因此，他获准开设银行发行钞票，并以此支撑政府债务。一年后，这座银行已经控制了密西西比河谷流域的法国贸易。约翰·劳开始印刷纸质钞票，抬高银行的股价，但是当钞票持有者慌忙将纸币换成硬币的时候，这个计划崩溃了，历史上著名的密西西比泡沫也就破裂了。

③南海泡沫

南海泡沫事件发生于 18 世纪的英国，当时英国政府由于战争原因欠下了 1000 万英镑的债务，于是找上南海公司大量发行股票，换成钞票。南海公司执行长罗约翰借机使股价拉高，投资人见有利可图，就争相抢购。由于购买踊跃，股票供不应求，南海公司股价一路狂飙。在南海公司股票的带动下，全英所有股份公司的股票都成了投机对象，一时间平均涨幅超过 5 倍。为了制止各类“泡沫公司”的膨胀，英国国会通过了《泡沫法案》。自此，许多公司被解散，公众开始清醒过来，对一些公司的怀疑开始转移到南海公司身上。其后，投资者纷纷抛售南海股票，南海股价很快一落千丈，南海泡沫也因此破灭。

④ 1929 年的美国股市崩盘

这场危机发生在 1929 年 10 月 24 日，这一天纽约股票指数下跌 12.8%，危机由此开始。紧接着，发生了一连串反应：银行倒闭，生产下降，工厂破产，工人失业。大危机从美国迅速蔓延到整个欧洲和除苏联以外的全世界，这是迄今为止人类社会遭遇的规模最大、历时最长、影响最深刻的经济危机。

5. 金融危机让银行破产成为可能

存款到银行，是否很安全？大部分人都觉得，银行储蓄应该是最安全的一种储蓄手段了，肯定没问题。然而，很多人不知道的是，银行也是有可能破产的，而且这种事早就发生过了。

金融危机背景下，银行破产时有发生。自2007年发生次贷危机以来，美国作为一个银行金融业高度发达的国家，也无法避免银行破产的事件发生。先是房利美、房地美宣布破产，后来雷曼兄弟也宣布破产。

我国银行有无可能破产

当然可能。我国《商业银行法》第71条规定："商业银行不能支付到期债务，经国务院银行业监督管理机构同意，由人民法院依法宣告其破产。"可见，银行破产在我国也是被允许的。

1998年6月21日，中国人民银行发表公告，关闭仅仅诞生两年十个月的海南发展银行。而这是新中国金融史上第一次由于支付危机而关闭一家商业银行。

在2016年的陆家嘴论坛上，前中国人民银行副行长张涛表示："对于经营出现风险、经营出现失败的金融机构，要建立有序的处置和退出框架，允许金融机构有序破产。"由此可见，中国也是允许银行等金融机构破产的，而且这也并不是官方第一次提及金融行业破产的话题了。

银行破产的原因

银行之所以会破产，其直接原因是无法支付到期的债务，而根本原因则是存在过多的不良贷款和债务，使得银行陷入严重的流动性危机。从历史上多起银行破产的案例来看，其主要原因有以下几个方面：

一是违背了银行经营的基本要求，躲避银行监管，一味地以高收益和高回报作为经营目标。美国发生次贷危机之前，各大金融机构疯狂盲目地利用证券化、衍生金融工具等高杠杆率结构性产品来获得收益，全然忘记了金融创新其实更需要金融风险防范。信用过度扩张，是次贷危机发生的重要原因。

二是银行超额放贷，不顾风险。放贷比例存在一定的风险警戒线，然而在追求高收益、高回报的动机下，银行没有考虑安全的资产负债率，从而为自身的安全埋下了隐患。

三是房地产抵押所形成的高杠杆导致次贷危机程度加深。房地产抵押在金融创新的催化下，投资银行只考虑巨额收益，甚至愿意铤而走险，从而引发危机。

四是经济环境的萧条。当整个经济环境不景气的时候，失业率走高，信用危机往往容易爆发，会导致一批基础薄弱的银行因无力偿还债务而宣告破产。而一旦银行信用体系出现问题，违约增多，很容易波及同行业的其他金融机构，进而引发金融危机。

6．金融危机周而复始的原因

就好比人们对于自己的生活总是从乐观的高峰跌落到失望的深渊，然后又在某个阶段重新燃起希望一样，经济的发展规律也是高低循环、有起有落的。可以说，经济也有一定的周期，它总会在繁荣和衰落中不断循环。一般而言，经济周期有这么四个阶段，分别是繁荣、衰退、萧条和复苏。

经济周期中不同阶段的具体情况

①衰退阶段

通常，这个阶段发生于经济周期的高峰之后，当经济运行到高峰期后，就会逐渐走向衰落。衰退阶段的市场需求开始不断萎缩，容易造成供过于求，企业的盈利能力较弱，利润率不断下滑，整体物价水平开始不断下跌，造成企业的商品流通率低，大量存货积压，从而导致经济增长缓慢，甚至出现萎缩的现象。

②萧条阶段

此阶段供给和需求都处于较低的水平，特别是经济前景不明朗，容易导致社会需求下降，失业率上升。通常在这种情况下，政府会实施一定的宏观调控政策，让人们对未来经济发展的信心逐渐恢复。当宏观调控政策有了一定成效后，整个社会经济便会在探底后开始出现扭转的迹象。

③复苏阶段

在萧条阶段，政府会通过一系列的调控手段以拉动经济发展，到了一定时候，调控手段的效果则会初步显现，经济开始复苏，需求开始增加，生产逐渐活跃，价格水平逐渐趋于稳定并进入上升区间，同时 GDP 也会逐渐上升。由于此时企业闲置的生产能力开始释放，周期性的扩张也变得强劲，所以在这个阶段，企业的利润开始大幅增长。

④繁荣阶段

在这个阶段，因为消费需求和投资需求不断增大，而且超过了产出的增长，所以刺激产品的价格迅速上涨到一个较高水平，这个阶段的就业率也比较高。对于企业而言，其生产能力的增长速度开始减缓，逐渐面临产能约束，而且通货膨胀的威胁也开始显现。

经济周期的类型

在探索经济周期的这 200 多年间，经济学家各自提出了经济周期的不同长度和类型。

第一，短周期。英国经济学家基钦于1923年提出一种为期3～4年的经济周期，后被人们称为“基钦周期”。

第二，中周期。法国经济学家朱格拉于1862年提出一种为期9～10年的经济周期。该周期是以国民收入、失业率和大多数经济部门的生产、利润和价格的波动为标志加以划分的，后被人们称为“朱格拉周期”。

第三，长周期。俄国经济学家康德拉季耶夫于1926年提出一种为期50～60年的经济周期。该周期理论认为，从18世纪末期以后，经历了三个长周期。第一个长周期从1789年到1849年，共60年；第二个长周期从1849年到1896年，共47年；第三个长周期从1896年起，上升24年，1920年以后是下降趋势。后被人们称为“康德拉季耶夫周期”。

第四，建筑周期。这是1930年美国经济学家库兹涅茨提出的一种为期15～25年，平均长度为20年左右的经济周期。该周期主要是以建筑业的兴旺和衰落这一周期性波动现象为标志加以划分的，后被人们称为“库兹涅茨周期”。

第五，综合周期。综合周期是1936年熊彼特以其“创新理论”为基础，对各种周期理论进行了综合分析后提出的。他认为，每一个长周期包括六个中周期，每一个中周期包括三个短周期。短周期约为40个月，中周期为9～10年，长周期为48～60年。他以重大的创新为标志，划分了三个长周期。第一个长周期从18世纪80年代到1842年，是“产业革命时期”；第二个长周期从1842年到1897年，是“蒸汽和钢铁时期”；第三个长周期从1897年以后，是“电气、化学和汽车时期”。在每个长周期中仍有中等创新所引起的波动，这就形成若干个中周期；在每个中周期中还有小创新所引起的波动，从而形成若干个短周期。这种关于经济周期的理论后被人们称为“熊彼特周期”。

7. 防止经济发展过快过热

所谓“经济过热”，是指经济的发展速度与资源供给不成比例。当经济的发展速度高于资源的承受能力时，就会出现原材料因供给不足而导致的价格上涨，而原材料价格的上涨又推动了物价的走高，于是就会出现经济过热的现象。

经济过热

市场经济过热的根本原因是资本由于虚假需求导致的供给增加。当资本增长速度超过市场实际所需要的周期量后，在一定周期阶段内就会出现市场资源过剩与资源短缺同时存在的矛盾现象；且在一定时期内，会表现为经济高速发展与物价上涨。从经济学的角度来看，实际增长率超过了潜在增长率就称为“经济过热”，它的基本特征表现为经济要素总需求超过总供给，由此引发物价指数的全面持续上涨。

经济过热的类型

经济学家在研究经济过热现象中总结发现，经济过热可以分为消费推动型经济过热和投资推动型经济过热两种类型。其中，由于居民消费需求过大而导致的经济过热称为消费推动型经济过热。

而投资推动型经济过热，也被称为过度投资，具体包含两方面的意思：第一，投资项目完工后，生产的产品大于市场需求，因而使得存货大量堆积，资金无法收回，导致生产资料严重浪费。这个层面上的“过度”指的是投资市场需求过度。第二，投资规模或范围过大，以至超过了财力负担能力，使得投资不能按预定计划完成，无法形成预期的生产能力。这个层面上的“过度”是投资规模相对于财力负担的过度。

经济过热的影响

第一，经济过热会导致股市“泡沫”增加，股市短期迅速疯涨，盈利急剧攀升，价格与价值严重背离。客观来说，股市泡沫的存在并不可怕，而可怕之处在于它破灭之后给经济之带来的严重后果。这些后果包括：资产价值大幅萎缩，银行坏账大量增加，投资和消费萎靡不振，失业率大幅上升，整个社会会在一夜之间进入大萧条状态。而泡沫经济是产生经济危机的重要根源，泡沫一旦破灭，就势必会影响到金融安全，经济危机就有可能随之而来。股票是泡沫经济的主要载体之一，股市泡沫是诱发泡沫经济的重要因素，不断膨胀的股市泡沫是出现泡沫经济的先兆。

第二，当经济过热时，政府通常会采取一定的紧缩政策，例如加息。紧缩性的货币政策最直接的手段就是加息，而加息则会引导资金从股市与基金等风险高的领域，以及住房、汽车等消费方面重新进入储蓄存款。必须指出的一点是，央行的紧缩政策和加息预期是针对宏观经济而言，并不是仅仅针对股市。然而，在具体的调控政策中，常常体现出政策对股市的保护，说明管理层对股市发展是持积极态度的。

中篇

互联网金融常识

第十章
「　金融新纪元　」
——学互联网金融必知的基本常识

1. 互联网与金融融合，开启金融新纪元

互联网金融的定义

所谓“互联网金融”，指的是传统金融机构与互联网企业利用互联网技术和信息通信技术实现资金融通、支付结算、投资和信息中介服务的新型金融业务模式。相信每个人都深有体会，金融与互联网的融合，对金融产品、金融业务、金融机构和金融服务等方面均产生了深刻的影响。

互联网金融的特点

①效率高

互联网金融的一大特点，就是无须传统金融机构，而依托于互联网平台，主要由计算机和互联网来处理业务，具有操作简单、方便快捷等特点，用户无须前往实体机构，也无须排队等候，业务处理效率更高，用户体验更好。例如，有“信贷工厂”之誉的“阿里小贷”依托电商积累的信用数据库，经过数据挖掘和分析，引入风险分析和资信调查模型，用户从申请贷款到发放只需要几秒钟，日均可以完成贷款一万笔，效率非常高。

②成本低

在互联网金融模式下，资金供求双方可以通过互联网平台自行完成信息鉴别、匹配、定价和交易，无须任何传统中介，几乎不涉及交易成本。一方面，金融机构可以减少开设营业网点的资金投入，削减部分运营成本；另一方面，投资者可以在更阳光透明的平台上快速找到适合自己的金融产品，减轻了信息不对称程度，更省时省力。

③范围广

在互联网金融模式下，投资者能够打破时空壁垒，在互联网上寻找需要的金融资源，从而获得更直接、范围更广的金融服务。此外，互联网金融的客户以小微企业为主，较好地解决了小微企业“贷款难”的问题，覆盖了部分传统金融业的金融服务盲区，有利于提升资源配置效率，促进实体经济发展。

④发展快

近年来，依托于互联网技术的日益发展，互联网金融也得到了快速增长。以众所周知的余额宝为例，余额宝上线 18 天，累计用户数达到 250 多万，累计转入资金达到 66 亿元。

⑤管理弱

一是风控弱。互联网金融目前还没有接入人民银行征信系统，也不存在信用信息共享机制，不具备类似银行的较为完善的风控机制，容易发生各类风险问题，例如有些 P2P 网贷平台如今已宣布破产或停止服务。

二是监管弱。互联网金融在我国处于起步阶段，尽管关于网贷的监管细则《网络借贷信息中介机构业务活动管理暂行办法》已于 2016 年 8 月出台，但互联网金融的其他领域目前还没有明确的监管和法律约束，因此整个行业仍然面临诸多的政策和法律风险。

⑥风险大

一是信用风险大。目前我国的信用体系尚不完善，互联网金融的相关监管制度也有待进一步完善，而互联网金融的违约成本较低，极易产生诈骗等风险问题。例如，P2P 网贷平台由于准入门槛低和缺乏监管，容易诱发风险问题。近年来，淘金贷、优易网等 P2P 网贷平台就先后爆出相关负责人携款潜逃事件。

二是网络安全风险大。目前，我国互联网安全问题突出，网络金融犯罪问题不容忽视。一旦遭遇黑客攻击，互联网金融的正常运作就会受到影响，危及投资者的资金安全和个人信息安全。

2．互联网金融：野蛮生长的“变”与“乱”

前面说过，互联网金融就是依托互联网平台、基于互联网技术的金融业务。我们不难发现，互联网技术不仅改善了金融业务发展的基础环境，同时也衍生出了许多新的金融服务方式，引起了金融生态和资源配置方式的变化；然而，互联网野蛮生长的同时也带来了一系列风险与监管问题。

互联网金融的积极影响

第一，有效地弥补了传统金融服务的不足。可以说，互联网金融的市场定位更多的在“小微”层面，拥有小额、快捷、便利、普惠金融、包容性强的特征，这些特征在小微金融领域中具有突出的优势，能够在一定程度上弥补传统金融服务的不足。

第二，满足电子商务需求，扩大社会消费。如今，电子商务日益发展，其对支付方便、快捷、安全性的要求，推动了互联网支付特别是移动互联网支付的发展。而电子商务所需的创业融资、周转融资需求和客户的消费融资需求，促进了网络小贷、众筹融资、P2P 网贷等互联网金融业态的发展。可以说，电子商务的发展催生了金融服务方式的变革，与此同时，互联网金融也推动了电子商务的发展。

第三，有利于发挥民间资本作用，引导民间金融走向规范化。我国拥有数额巨大的民间借贷资本，且长期以来缺乏高效、合理的投资方式和渠道，缺乏正规的金融监管，运作过程中呈现出不规范、不透明的特点。在互联网金融模式下，通过规范发展 P2P 网贷、众筹融资等，可以引导民间资本投资于国家鼓励的领域和项目，盘活民间存量资金，遏制高利贷，使民间资本更好地服务于实体经济。

第四，降低成本，优化资源配置。互联网金融利用电子商务、第三方支付、社交网络形成的庞大数据库和数据挖掘技术，显著降低了交易成本。而且，互联网金融企业相较于传统金融企业而言，不需要设立众多分支机构，无须雇用大量人员，这就有助于降低相关的经营成本。互联网金融提供了有别于传统金融机构的新融资渠道，以及全方位、全天候、一站式的金融服务，提升了资金配置效率和服务水平。

互联网金融的潜在危害和弊端

随着互联网金融的日益壮大，其风险事件也逐渐浮现，类似于互联网金融企业倒闭、携款潜逃的事件屡见不鲜，有的因经营不善而破产或关门，有的因风控制度不完善导致资金链断裂，有的涉及非法集资等违法行为而被查处。那么，互联网金融平台可能带来哪些负面影响呢？

第一，为吸引投资者而不择手段，透支互联网金融发展的后续潜力。一些互联网金融企业为吸引更多的投资者，会采取一些手段，例如利用权威媒体做广告增信、找政府官员背书、借用银行等金融机构信用等，利用信息不对称的优势，吸引很多抗风险能力低或不具备抗风险能力的投资者进入。例如，很多金融机构将风险较大的理财产品推荐给老年人群体，但这个群体风险意识与金融知识匮乏，这无形中就透支了互联网金融发展的后续潜力。

第二，破坏金融秩序。2016 年 1 月，“e 租宝”因非法巨额集资被立案侦查，这起事件给整个互联网金融行业造成了严重的负面影响。这些民间融资平台借助于互联网平台，有的使用借新还旧的“庞氏骗局”模式，发布虚假的高利借款标的募集资金；有的在短期内募集大量资金，却用于自身的生产经营，甚至携款潜逃，置监管法律法规于不顾，破坏正常的金融秩序和交易秩序，扰乱了互联网金融市场的健康发展。

第三，破坏社会的稳定和谐。互联网金融机构的金融项目往往涉及人员多、金额大、范围广，一旦出现类似“e租宝”事件，就容易引发大规模群体事件。特别是一些普通投资者，由于缺乏金融知识，风险意识不足，将自己的生活资金投资到金融平台中，一旦他们血本无归，很可能采取各种手段甚至过激的方式来维护自己的权益。事实上，“e租宝”事件后，各地已经出现多起投资者集体游行、维权请愿的事件，大大损害了地方政府的形象，破坏了社会的和谐稳定发展。

3．互联网金融颠覆传统

在不少老百姓眼里，金融是个严肃且特殊的行业。它不仅具有壁垒森严的准入机制、固若金汤的资金门槛，还具有牢不可破的运营机制以及严丝合缝的游戏规则。然而，短短几年时间，互联网金融居然把传统金融业搅得天翻地覆。那么，“年轻”的互联网金融到底颠覆了传统金融业的什么呢？

互联网金融让草根阶层拥有投资的机会

正如前面的章节所说，传统的金融机构，诸如银行，由于无法做到成本和效率的平衡，经常表现出其“嫌贫爱富”的一面。也就是说，银行等金融机构投资门槛高，那些能够在银行里进行个人金融投资的人，往往都是金卡、白金卡客户，也就是银行眼中的优质客户，一般老百姓拥有的资金也许无法参与投资。

但是在互联网金融模式下，草根阶层也有了投资的机会。互联网金融降低了大多数收入低、资产少的老百姓投资的准入门槛，以余额宝为代表的各种“宝宝类”理财产品就是典型的草根理财代表。

互联网金融让小微企业有了贷款的机会

从传统金融行业尤其是银行的角度看，只有把资金借给那些有足够的资产、足够的偿债能力、知名度高、规模较大的企业，这笔生意才划算。然而，无数的小微企业既没有资产，又没有名气，更没有规模，甚至可以说没有任何可资抵押的东西，对于银行而言，这类企业风险系数极高，当然不愿意给其贷款的机会。

然而，越是企业的发展初期，越是需要资金的支持，互联网金融就给了这些新兴的小微企业贷款发展的机会。从这一点来说，互联网金融不仅仅大幅降低了金融借贷的门槛，而且成为各行业创业、创新、发展的原动力。

互联网金融让金融产品变得阳光透明

互联网金融的“开放”特征，就是指信息透明，降低信息的不确定性。金融产品对于老百姓而言，是封闭、严肃的，特别是金融产品长篇大论的说明书，让人读来艰涩难懂。因此，互联网行业在产品描述上有个通俗而形象的说法，叫作“说人话”，也就是说，产品功能和描述一定要让非专业的一般用户很容易看懂，这实际上是让企业和顾客有了平等对话的可能。

不仅如此，互联网金融还改变了传统金融业封闭、信息不开放的问题。比如，一款基金产品，到底买卖的情况如何，收益率如何，广大投资者的评价如何，和其他基金对比孰优孰劣……在过去传统的金融环境下，用户要获取这些实时信息极不方便，但在互联网体系下，这一切就变得非常简单。可以说，这从本质上解决了人们对于金融产品投资的信任问题，有了更多的信任，转化率自然就会得到提高。

4．互联网金融的本质：去中介化

“去中介化”该怎么理解？过去，金融活动中的资金供求双方由于信息的不匹配，需要一些诸如银行、证券公司等传统金融机构来实现资金的双向流动，而在互联网金融模式下，尽管中介依然存在，但它提供的功能却可以通过互联网来实现。

“去中介化”是互联网金融的本质

相较于传统金融，互联网金融呈现出了新的特征：

第一，消除了金融排斥现象。有学者认为，传统金融业具有“嫌贫爱富”的特征，也就是说，部分群体在金融体系中无法获得相应的资金需求。在传统金融业中，受时间和空间等的限制，部分个人客户、小微企业等金融弱势群体被排斥在金融服务领域之外，其个性化的金融资源需求很难得到满足。但是，在互联网金融的模式下，利用互联网技术和平台，金融资源实现了跨时空配置，金融资源的可获得性增强，有效地消除了金融排斥。

第二，有效地减少了信息不对称的现象。传统的金融活动存在信息不对称的缺陷，由于缺少获取交易信息的媒介，金融机构很难获得融资企业的信用信息，因而普遍存在金融机构和融资企业之间交易信息不对称的情况。而在互联网金融模式中，虽然也会存在交易信息不对称的情况，但是由于许多信用信息通过互联网生成并传播，交易主体更容易通过互联网获得交易主体的交易信息，因此大大减少了交易信息不对称的情况。

第三，互联网金融的本质是“去中介化”。传统融资模式下，资金供求双方信息经常不匹配，需要银行等中介去减少和弥补由于信息不匹配导致的风险，但这会增加融资成本。而在互联网金融模式下，资金供求双方可以直接通过互联网平台自行完成一系列交易，不再需要中介的撮合，大大降低了融资成本。

规范互联网金融市场，更好地“去中介化”

互联网金融“去中介化”的本质使得金融脱媒成为可能，也就是说，资金需求者不再只能通过银行或其他金融中介机构在市场上借款，部分金融主体对金融业务的垄断被打破，互联网借贷、众筹等商业模式使直接融资变成了普遍现象。那么，如何规范互联网金融市场，使之更好地实现“去中介化”的功能呢?

第一，规范互联网金融的市场准入与退出。2013 年出台的《关于金融支持经济结构调整和转型升级的指导意见》对民间金融机构持开放态度，这就为互联网金融的发展提供了政策上的支持，但具体细节仍需进一步完善。例如，可以根据风险划分商品类别并设置不同的行业和投资者准入门槛及监管细则；而就市场退出而言，应明确互联网金融企业退出的条件、程序、监管主体等内容。

第二，规范互联网金融企业的市场竞争行为。随着互联网金融的快速发展，互联网金融市场上陆续出现了一些反竞争行为，比如虚假宣传行为、垄断协议行为等。这些行为影响了金融消费者和相关金融主体的利益，甚至可能影响国家的金融利益以及破坏金融秩序，因此需要对互联网金融市场的反竞争行为进行规范。通过采取行政罚款、市场禁入、资格禁止、行为禁令等手段遏止互联网金融企业的反竞争行为，维护良好的金融竞争环境。

第三，加快利率市场化步伐。有关专家指出，当信用价格由市场来决定时，就能适应复杂多变的金融市场要求；当利率市场化时，就能打破银行的垄断，促进金融自由化更好地发展。目前，我国的利率改革仍受到许多复杂因素的影响。因此，利率市场化改革应该依靠法律制度的安排，确定利率市场化的合法性，形成科学和统一的利率市场化制度，使之成为所有金融机构共同遵守的准则，真正地发挥其推动金融市场公平竞争的作用。

5. 互联网金融的普惠性：人人皆可参与

互联网金融是每个人都可以参与的吗？答案是：是的。互联网金融有四大特征：开放、便捷、优惠、互动。开放在这里指信息公开化，互联网极大地改善了原本信息不对称性的情况；便捷就是简单易行，用户可以通过搜索、网上支付等技术手段快速满足需求；优惠是指用户可以轻松比价，谁的促销、优惠最吸引客户，谁就可能促成交易；互动是指双向交流，客户购买产品后可以对产品进行分享、评价。这些特征决定了互联网金融拥有一大特性，就是“普惠性”。

互联网金融具有普惠性的原因

我们在银行等金融机构中可以看到，中低端用户能买到的都是标准化的产品，而高端用户则可以进入一间独立的理财贵宾室，由专门的理财经理来接待和服务，并且为之设计个性化的产品。这就是传统的服务模式，由于无法做到成本和效率的平衡，因而人们常说这是“嫌贫爱富”。

而互联网金融则更多地面向小微企业或普通个人。例如，在余额宝推出之前，大部分理财产品或者现金管理产品都有一定的门槛，动辄几万元以上，不少人只能望而却步；但是余额宝的起点是1元，随存随取，这就极好地解决了流动性、收益性和安全性的平衡。对一般投资者而言，比起收益，资金的安全和流动性是更加重要的。互联网金融就可以做到这一点，通过新的手段、新的渠道、新的产品理念服务到更多的普通用户，真正实现其“普惠性”的优点。

加大监管，防范风险

近几年，我国互联网金融发展迅速。一方面，互联网金融的发展可以满足小微企业、中小投资者的投融资需求，为大众创业、万众创新敞开了一扇新的大门；但另一方面，互联网金融的发展也暴露了一些或大或小的问题，让人们看到了其存在的风险。为防范互联网金融的风险，促进金融市场的有序健康发展，加大监管力度的势在必行。

2016 年 7 月，中国人民银行等十部委共同出台了关于互联网金融健康发展的指导意见，在鼓励创新的同时明确要求其注重风险防范，趋利避害，健康发展。具体到监管方式上，有关部门指出，传统监管金融机构的手段，如查看报表等方式，已不太适用互联网金融快速发展的现状。因此，有个别专家则认为，在企业内控、政府监管、行业自律的前提下，在互联网时代还应采取透明化的全社会监管的方式，即发动大众来监管，以此构建一个健康发展的、积极向上的金融环境。

6．应对冲击：传统金融的现状与未来

以余额宝的出现为标志，2013 年被认定为互联网金融的“元年”。但在实践中，金融企业的互联网化以及互联网企业的金融化进程一直在进行之中。目前比较具有普遍性的观点是：互联网金融主要以互联网支付、P2P 网络借贷、第三方支付和众筹融资为代表，是金融模式、金融理念、金融运营方法的创新。

传统金融的发展现状与需求

遭遇互联网“袭击”的传统金融行业，无疑像是遭遇了一场大地震。这场地震中虽然没有任何人员伤亡，却让传统金融行业清醒地看见了自己的发展现状与不足之处。

传统金融有哪些不足呢？

第一，办理业务劳心劳力、成本过高。比如，银行储蓄用户得抽时间前往银行办理业务，办理业务需要排队，还需要支付一定的手续费，各方面的成本都比较高。

第二，小微企业贷款困难。对于银行等传统金融机构而言，只有把钱借给声誉较好、盈利较大的企业，才能防范风险；而小微企业收入低，很可能无法偿还贷款，银行自然不愿意为这类企业提供贷款服务。

第三，小额理财产品种类较少。在过去，投资理财产品的一般都是资产较多的投资者，投资门槛太高，普通的老百姓甚至没有机会参与理财。

然而，必须指出的是，传统金融也有一定的优势。例如，银行等传统金融机构不仅积累了庞大的用户群，拥有充足的资金，同时还拥有强大的风险控制体系。

传统金融转型“互联网+”

2013年，阿里巴巴推出余额宝，以其普惠性和高利率吸引了一大批草根用户，创造的高收益可以说给传统金融行业带来了极大的压力。紧接着，P2P网络借贷、第三方支付等互联网金融如雨后春笋般出现。无数事实告诉我们，传统金融亟须转型。那么，该如何转型？互联网金融模式给传统金融带来了两个重要启示：第一，要加快利率市场化改革进程；第二，在这个过程中，商业银行也要提高自己产品的创新能力，充分利用互联网平台和技术开发创新产品。

2014年2月，民生银行推出“民生直销银行”，凭借其注册简单、开户方便、产品丰富等优点深受广大用户的喜爱，仅仅半年时间，用户数量就突破百万大关；邮储银行提出“服务大众、服务小微”的崭新理念，很好地解决了小微企业“融资难”问题，至2014年8月为小微企业累计发放贷款超过2万亿元；另外，还有不少传统金融机构进行转型，或推出网络支付，或推出在线服务，或推出手机APP等。这些，都是传统金融运用崭新的“互联网+”思维所开辟的新天地。

互联网金融相较传统金融，谁更胜一筹？其实并没有一个绝对的答案。但是，传统金融在认清自己的现状后，能融入互联网进行转型，必然可以打开一道新的大门。

第十一章
「颠覆性创新」
——学互联网金融必知的运营模式常识

1. 彻底改变生活的电商金融

电商金融是传统金融行业与互联网精神相结合的新兴领域，它泛指P2P网络以及电商提供的诸如互联网支付货币、互联网信贷、供应链金融、支付工具、移动支付等金融业务。

电商金融的特点

出于用户的消费习惯、我国的制度背景等原因，电商金融在国内得到了迅速发展，其所表现出的快捷、低价和直达等概念，不仅吸引了很多国内消费者，更在国际范围内产生了广泛影响。在电商金融领域，诸如阿里巴巴、京东商城等，已经深刻改变了中国产品供应商和消费者的交易模式，对社会的发展构成了一定的影响。总的来说，电商金融具有以下几方面的特点：

第一，帮助解决中小企业融资难的问题。出于成本、风险和收益等方面的考量，中小企业很难通过正规金融体系获取其发展所需要的融资。因此，为了满足自身的融资需求，中小企业主动出击，依靠电商金融的模式获取贷款，这一模式具有很强的开创性和实效性。

第二，电商金融交易成本低。电商金融交易的实体网点较少，因此能够大大节约交易成本。以阿里金融的数据为例，其单笔信贷成本仅为2.3元；而有数据指出，传统银行单笔信贷的平均成本为2000元，明显高出电商金融。

第三，减少信息不对称，降低风险。信息不对称一直是影响放贷效率的重要问题之一，电商金融平台的出现，不仅可以实现大数据借贷，而且能够简化交易流程，提高贷款利率，在增加自身收入的同时，降低贷款风险。

电商金融的行业模式

①支付工具金融

支付宝、财付通等这类网络支付工具，是电商平台交易双方资金的支取工具与流动通道，也是平台服务与增值服务收费的工具，更是从事中间业务、从事其他金融衍生产品与业务的工具和渠道。

②账户预存款金融

2012年的“双十二”，淘宝网为提升交易总额，面向客户开展的“支付宝充100，送100现金”活动，就属于账户预存款金融的一种模式。这种模式具有简化客户支付手续、提前锁定客户消费资金等多方面的意义。

③货币汇兑金融

美国的PayPal公司在全球拥有近2.2亿活跃用户，全球190个国家的互联网用户以及传统企业都可使用PayPal完成美元、加拿大元、英镑等24种货币的支付。而自从2005年7月起，PayPal中国网站正式开通，标志着PayPal正式登陆中国市场。这种模式将用户从持有电商本国货币的客户群扩展至持有他国货币的全球客户，真正实现了网购用户购遍全球的愿望。

④中间业务金融

支付宝推出的一站式公共事业缴费服务，使得人们从此无须前往公共事业单位或银行等网点缴费，无须忍受奔波、排队的痛苦，只需要计算机和互联网，就可以轻松完成水、电、煤气以及通信费等日常费用缴费，大大提高了交易效率，降低了成本。

⑤跨界合作金融

阿里巴巴旗下的支付宝如今已与80多家银行及金融机构开展深入合作，包括国有商业银行、股份制商业银行、区域性银行、其他机构等，而且已与108家银行达成支付宝快捷支付合作。

⑥预售订单融资金融

2012年，天猫商城联合家电品牌海尔发起了一场网络定制液晶电视的活动，通过互联网用户定制，再预付定金的方式，来实现预售订单融资金融的模式。在电子商务环境下，预售订单融资更具现实和操作价值，它可以真正将传统品牌商的优势在电子商务大战中释放出来，并可以进行有效的补充，弥补传统品牌在销售模式上的不足。在给消费者优惠的同时，也保障了卖家的利润。

⑦互联网信贷金融

早在2007年6月，阿里巴巴就正式与中国工商银行、中国建设银行开展在中小企业融资领域方面的合作，阿里巴巴称这块业务为“阿里贷款”。这种模式有助于解决中小企业贷款难问题，同时对于扩大电商平台卖家的生产能力、提高用户黏性具有一定的积极作用。

此外，电商金融还有供应链金融、支付货币金融、移动支付金融等多种模式。限于篇幅，这里就不一一介绍了。

2. 虚拟的比特币是否值得投资

所谓虚拟货币，就是指非真实的货币。目前虚拟货币大致可以分为三类：第一类是网络游戏玩家所熟知的游戏币，可以用其在游戏中购买人物所需的装备、工具等；第二类是通信工具网站、门户网站等使用的货币，广为人知的如腾讯的Q币；第三类是用于互联网金融投资的虚拟货币，如我们今天所要讲的比特币。

2009年，比特币由一个名叫中本聪的人提出，它其实是一种“电子货币”，无须任何金融机构发行，只是由计算机生成的一串串复杂代码组成。由于比特币可以用于在网络上购买虚拟物品，还可以兑换成真实货币，并且具有一定的稀缺性，因此一度成为人们投资的“香饽饽”。

比特币的优势和不足

①比特币的优点

第一，它可以作为一种交易成本很低的交换媒介，只需要采取点对点网络，而无须通过第三方清算机构。

第二，相对于传统货币，比特币的交易更加安全、透明且可以防伪。比特币采取加密算法，黑客也无法破解，而且比特币可以追踪，所有的比特币交易都在网络上公开，这能有效地防止非法活动。

第三，由于比特币供应有限，因此可以有效防止滥发导致的通货膨胀。

第四，如果越多人选择投资比特币，就越有可能在“赢家通吃”的市场上获得成功。电子货币市场是一个赢家通吃的市场，消费者不会有兴趣使用特性类似的不同货币。比特币越流行，竞争者的进入门槛就越高，他们获得市场份额的难度就越大。

第五，从资产配置角度来看，比特币对风险的敏感度较小，这一特征有些类似于黄金。

②比特币的不足

第一，比特币拥有强大的网络，但其交易平台比较脆弱。因为交易平台是一个网站，而网站则可能会遭遇黑客攻击，或是遭到有关部门的关闭。

第二，交易确认时间长。比特币在交易时，为了确认数据准确性，需要与点对点网络进行交互，得到全网确认后，交易才算完成，这一过程时间比较长。

第三，价格起伏较大。由于大量投资者的介入，导致比特币兑换现金的价格波动非常大，这致使比特币成为一种适合投机的电子货币。

第四，比特币具有匿名性，这对于某些处于危机状态国家的群众有一定的吸引力。据报道，许多人认为比特币可以用来逃避财产没收、较高的税负以及资本管制，导致一些违法行为的产生。

比特币是否值得投资

首先，我们知道，虚拟货币要实现它的价值，除了技术以外，最重要的是市场。虚拟货币的种类很多，甚至有不少从技术层面上来看是远远优于比特币的，但因为没有市场，其价值就远没有比特币那么大。

其次，比特币在经济意义上还未达到货币的标准，缺乏流动性，尽管有兑现的功能，但无法成为真正的货币。

最后，比特币的价格波动很大，走势不易预测，从交易规律来看，超涨超跌的行为都是不稳定的。

当然，任何投资都是风险与收益并存，比特币属于高风险投资，投资者在这一领域最好用闲钱进行投资。

3. 第三方支付中的第三方

相信大部分人都有过网购的经历。在网络平台上购物，买方选购商品后，使用第三方平台提供的账户进行货款支付，并由第三方通知卖家货款到账，要求发货；买方收到货物，检验货物，并且进行确认后，再通知第三方付款；第三方再将款项转至卖家账户。这种模式就被称为“第三方支付”。

第三方是何许人

第一，互联网型支付企业。广为人知的互联网型支付企业，有支付宝、财付通等，它们以在线支付为主，通过捆绑大型电子商务网站，迅速做大做强。

第二，金融型支付企业。以银联商务、快钱、拉卡拉等为首的金融型支付企业，侧重行业需求和开拓行业应用。

第三，信用中介。这类产品为非金融机构的信用中介产品，例如银联商务、拉卡拉、嘉联支付这类手机刷卡器产品。

在我国，第三方支付产品主要有支付宝、微信支付、百度钱包、PayPal、中汇支付、拉卡拉、财付通、融宝、盛付通、腾付通、通联支付、易宝支付、中汇宝、快钱、国付宝、物流宝、网易宝、网银在线、环迅支付 IPS、汇付天下、汇聚支付、宝易互通、宝付和乐富等。

第三方支付的优缺点

①第三方支付的优点

首先，它从设备上解放了消费者，解决了终端设备的制约性，用户可以通过第三方支付随时、随地、用多种方式完成支付，不但节约了时间成本，也免去了 U 盾等安全设备遗失带来的不便。其次，它降低了政府、企业、事业单位直连银行的成本，满足了企业专注发展在线业务的收付要求。最后，它可以根据被服务企业的市场竞争与业务发展所创新的商业模式，同步定制个性化的支付结算服务。

②第三方支付存在的弊端

首先，它存在一定的风险，因为操作简单快捷，也容易让不法分子有可乘之机。如果系统出现故障或是遗漏，很可能使得存入第三方的资金无处可寻，造成支付流程的不可逆困境，给消费者以及电商等带来不便。其次，电子支付行业存在损害支付服务的问题，甚至会给电子商务行业的发展带来负面冲击，从而引起该行业内的恶意竞争。目前，国内的专业电子支付公司已经超过40家，而且多数支付公司与银行之间采用纯技术网关接入服务，这种支付网关模式容易造成市场严重同质化，也会挑起支付公司之间激烈的价格战。

针对第三方支付的特点及潜在的问题，有关部门应就如何规范电子支付业务、防范支付隐患和风险、保证资金安全、维护广大商户和用户在电子支付活动中的合法权益等问题，加大监督监管力度，构建一个和谐健康发展的电子支付产业。

4．P2P不只是网络贷款

P2P是英语“person-to-person”或“peer-to-peer”的缩写，也就是个人对个人、伙伴对伙伴。P2P网贷，又称为点对点网贷，是一种借助于互联网平台，将小额资金聚集起来借贷给有资金需求人群的民间借贷模式。

最早的P2P模式可以追溯到20世纪80年代。1983年，孟加拉人尤努斯创建了格莱珉银行，该银行通过一系列的金融创新模式和开展无抵押的小额信贷业务，不仅使成千上万的穷人摆脱了贫困，而且还创造了很大的利润。格莱珉银行自1983年创办以来，几乎一直保持盈利。2006年，尤努斯获得了诺贝尔和平奖。格莱珉银行不仅提供小额贷款，而且也鼓励小额存款，并通过格莱珉银行将这些存款发放给其他需要贷款的人。这一模式就是P2P金融的雏形。

P2P的经营模式

从上述介绍中，你也许已经了解到了P2P的一般经营模式：利用互联网平台聚集小额存款，再将存款借贷给有需要的人群。然而，P2P还有很多你不知道的经营模式。

①债权转让模式

这种模式下，借款人和投资人之间存在一个中介，被称为专业放款人。为了提高放贷速度，专业放款人先以自有资金放贷，然后把债权转让给投资者，使用回笼的资金重新进行放贷。债权转让模式多见于线下P2P借贷平台，因此也成为“纯线下模式”的代名词。

②担保抵押模式

该模式引进一个第三方担保公司为每笔借款进行担保，有些会要求借款人提供一定的资产进行抵押，因而其发放的不再是信用贷款。若担保公司合法合规经营，且抵押的资产变现能力强，该模式下投资者的风险就会相对较低。尤其是抵押模式，因有较强的风险保障能力，综合贷款费率有一定的下降空间。

③ O2O 模式

这个模式的流程是：利用线下渠道寻找借款人，进行审核后推荐给线上的 P2P 借贷平台，平台会对借款人的信息进行再次审核，之后把借款信息发布到网站上，接受线上投资人的投标。

④ P2B 模式

这里的“B”指的是 Business，也就是企业，这是一种个人向企业提供借款的模式。但在实际操作中，为规避大量个人向同一企业放款导致的各种风险，其款项一般先放给企业的实际控制人，实际控制人再把资金出借给企业。

P2P 网贷的积极意义

P2P 网贷模式自诞生以来，在世界范围内得到广泛的应用和发展。那么，这种模式到底有什么积极的意义呢?

首先，小额投资人能够利用 P2P 平台获得投资机会，而且可以获得比银行储蓄更高的收益。

其次，有资金需求的个人或企业，特别是小微企业，可以简单地通过 P2P 平台完成借款申请，极大地提高了融资效率和贷款通过率，满足了自身的资金融通需求。

再次，对政府相关部门来说，这种模式都是在网上公开进行的，所有平台的交易数据公开透明、随时可查，在利息税收和借贷利率方面更能轻松监控和监管。

最后，从整个社会层面来看，P2P 模式大大提高了资金的利用率，规范了民间借贷行为，有利于经济发展与社会的和谐稳定。

5．众筹：让融资更有创意

所谓“众筹”，是英语“crowd-funding”一词的翻译，指的是利用“团购＋预购”的形式，在互联网上募集项目资金的一种筹资模式。

众筹起源于 2009 年 4 月在美国纽约成立的一个专为具有创意方案的企业筹资的网站平台——Kickstarter，网站致力于支持和激励创新性、创造性、创意性的活动，通过网络平台面对公众集资，让有创造力的人尽可能获得他们所需要的资金，以便使他们的梦想有可能实现。这种模式的兴起打破了传统的融资模式，每一位普通人都可以通过这种众筹模式来获得从事某项创作或活动的资金，使得融资的来源者不再局限于风投等机构，而可以来源于大众。

众筹的构成要素

众筹的构成要素非常简单，只需要发起人、平台及支持者三方面要素就足够了。其中，发起人通常是具有一定的创造能力但缺乏资金的人；平台指的是连接发起人和支持者的互联网平台；而支持者则是对筹资者的产品、创意或回报感兴趣，且有能力支持的人。

众筹的特征

第一，创意性。通常来说，众筹项目都具有一定的创意或高科技新兴元素，如电影、音乐、绘画、科技作品等。如果项目本身缺乏亮点与创意，就很难引起出资人的兴趣及资金支持。所以，发起人若想获得支持者的资金支持，最好是将自己的创意达到可展示的程度，才能通过平台的审核，而不仅仅是一个概念或者一个点子。

第二，门槛低。众筹对于发起人没有特殊的要求，无论何种身份、地位、职业、年龄、性别，只要有想法、有创意都可以发起项目，门槛相对较低。

第三，大众性。众筹的支持者一般都是草根民众，而非公司、企业或是风险投资人。这种模式，属于真正的百姓帮助百姓、草根扶持草根，实现了互联网金融的普惠性，并体现了社会主义的属性。

第四，多样性。众筹的项目具有多样性的特点，国内众筹网站上的项目类别包括设计、科技、音乐、影视、食品、漫画、出版、游戏、摄影等多种。

众筹的优势

第一，众筹相较于传统融资模式而言，更为开放。它的特点是平民化、草根化，发起人和支持者与职业、身份、年龄、收入等无关，而能否获得资金也不再是由项目的商业价值作为唯一标准。

第二，能够分散一定的风险。在传统融资模式下，投资者数量少，投资金额高，风险也相对集中。而众筹模式的核心思想体现在一个“众”字上，通过互联网平台突破时间和空间的约束，能够在短时间内聚集数量庞大的参与者；而每位投资人的投资额度一般不会太高，有利于通过分散的方式降低融资风险。

第三，可以对项目进行推广宣传。除了集资，众筹也是一个不错的宣传渠道。其实，无论是否融资成功，发起人的项目都获得了展示，这相当于做了一次宣传。在平台上看到项目的用户，都可能是发起人的潜在客户。

第四，吸引潜在的长期支持者。最早对项目提供资金支持的人可以说都是潜在的铁杆粉丝，这些人甚至有望在日后成为项目的成员。只有当别人在乎你所做的事情时，他们才会心甘情愿地掏腰包，所以，除了集资，还应该看到这是一个搭建人脉网络的好机会。

6．余额宝引发群雄之战的原因

2013年余额宝推出，它秉持着“1元起购，定期也能理财”的理念，让数以千万从来没接触过理财的人萌发了理财意识，同时激活了金融行业的技术与创新，并推动了市场利率化的进程。余额宝的出现拓宽了大众理财的渠道，在其强烈的影响下，各大商业银行纷纷推出类似余额宝的理财产品以应对挑战，例如，平安银行推出“平安盈”、民生银行推出“如意宝”、中信银行联同信诚基金推出“薪金煲”、兴业银行推出“兴业宝”和“掌柜钱包”等。

余额宝的优势

正如上文所说，余额宝上线后，各大商业银行纷纷推出“宝宝类”理财产品以应对其挑战。那么，为什么余额宝如此受大众欢迎？它具有哪些方面的优势呢？

第一，理财门槛低，收益高。众所周知，余额宝属于货币基金类产品。在过去，投资基金通常会有最低投资额的限制，例如，在证券公司开户买基金，起存就是2000元，银行的理财产品最低投资额则更高；而余额宝则不同，它秉持的是“1元起存”的理念，可以说几乎没有任何门槛与限制，让每一个投资者都可以获得参与投资的机会。同时，它的收益高于同期银行活期、定期储蓄收益。因此，相较于储蓄，人们自然更愿意把钱投入余额宝。

第二，资金流动性强，转出灵活方便。只要有互联网的地方，就可以登录余额宝账户，随时随地查看收益，并且可以进行资金转入、转出操作，大大节省了人们前往实体金融机构投资理财的时间和相关成本。同时，用户转入余额宝的资金不仅可以获得收益，还能随时消费、支付，十分灵活便捷，真正做到了让用户赚钱花钱两不误。

余额宝的弊端

据 2016 年 3 月底天弘基金公布的 2015 年年报显示：余额宝 2015 年净利润为 231.31 亿元。而截至 2015 年 12 月 31 日，余额宝份额净值收益率为 3.6686%，同期业绩比较基准收益率为 1.3781%。

在目前利润排名前五位的基金中，天弘余额宝排名榜首。可见，群雄之战未影响到余额宝中国第一大货币基金的地位。

然而，尽管是国内第一大货币基金，却并不代表其没有弊端。投资者们在关注余额宝或“余额宝类”产品优势的同时，也应该意识到其本身存在的一些问题和不足：

第一，信息不对称，可能引发道德风险。多数投资者对金融市场的知识与信息并不了解，而仅仅是被动接受支付机构所选取的“合作单位”，但对于“合作单位”的资金运作情况几乎一无所知。信息的不对称性很可能会引发道德风险以及支付平台的寻租行为，而过高的融资成本又会使得资金投向风险较大的领域，造成风险的积聚和传染。

第二，存在一定的安全风险。通过新闻报道，我们了解到近年来余额宝类产品被盗案件频发，虽然余额宝宣称资金被盗全额补偿，但在实际操作中，用户可能面临举证难的问题。此外，《余额宝服务协议》明确说明，能否得到补偿及具体金额取决于支付宝自身独立的判断。这告诉人们，余额宝所声称的全额赔付实际上存在着一些实现障碍。

7. 行业大数据分析时代来临

大数据，译自英语“Big Data”，从字面上理解，指的是数量庞大的数据。这里的“大数据”，指的是规模过大，以至无法在一定的时间内用常规的软件去处理的数据。而全球最具权威的IT研究与顾问咨询公司Gartner对“大数据”给出的定义是：“大数据”是需要新处理模式才能具有更强的决策力、洞察发现力和流程优化能力，以适应海量、高增长率和多样化的信息资产。

大数据具的特征和意义

从其定义来看，我们不难发现，大数据具有以下几方面的特征：一是数据量巨大，它不是随机数据，而是数据的一个整体。二是数据呈多样性，在大数据时代，数据格式变得越来越多样，涵盖了文本、音频、图片、视频、模拟信号等不同类型；同时，数据来源也越来越多样，不仅产生于组织内部运作的各个环节，也来自于组织外部。三是数据具有价值性，如果能够合理地运用大数据，可以更低的成本创造更高的价值。

那么，大数据具有什么意义呢？大数据，是科技发展的产物，而且其价值将会影响到未来社会的各个方面。就如同阿里巴巴创办人马云所言，未来的时代将不是IT时代，而是“DT时代”，DT就是Data Technology（数据科技）。

大数据的意义，主要体现在以下几个方面：

第一，大数据可以被用以掌握大量消费者对于产品或服务的需求，从而进行更为精准而个性化的营销。

第二，中小型企业可以充分利用大数据来实现服务转型。

第三，传统企业在互联网“袭击”的情况下，可以利用大数据来实现升级与转型。

大数据与互联网金融的关系

不少行业都受到了大数据的影响，包括金融业。所谓“金融”，简单来说就是资金融通，也就是资金从盈余的一方流向短缺的一方，这其中就涉及了资金的盈余方、短缺方，还有资金融通的渠道和方式。而大数据金融可以聚集大量的非结构化数据，通过对其进行实时分析，可以为互联网金融机构提供客户全方位的信息，通过分析和挖掘客户的交易和消费信息从而掌握客户的消费习惯，并可以实现准确预测客户行为的目的，使金融机构和金融服务平台在营销和风控等方面有全面的掌握。

具体而言，大数据可以通过对大量数据的过滤和筛查，提高风险的可控性及管理力度；同时，能够发现并解决可能出现的风险点，并能较为准确地把握风险发生的规律。另外，大数据还支持业务的精细化管理。虽然银行等金融机构有所有的支付流水数据，但是各部门的业务不交叉，很难进行数据整合，而大数据金融的模式则可以使银行对复杂、大量的数据进行有效利用。

与传统金融相比，大数据金融有着极大的优势。互联网的迅速发展不仅扩大了企业的数据量，也使企业更加了解客户的需求，实现非标准化的精准服务，增加客户黏性。另外，企业也可以通过自己的征信系统，实现信用管理的创新，有效降低坏账率，扩大服务范围，提高对小微企业的融资比例，有效地降低运营成本和服务成本。

8．创业者与巨头的对抗：互联网金融的未来在谁的手中

有人称，互联网金融是打破传统银行垄断的一把利剑。从余额宝的横空出世，到微信理财通、百度百付宝等产品的推出，几乎所有互联网

巨头都把眼光投向了这片大好的市场，而P2P理财的兴起，更是给了无数创业者一个崛起的希望。眼下正进入一个全民创业的时代，互联网金融的未来，到底是掌握在创业者的手中，还是巨头的手中呢？

创业者，是垂直互联网金融领域的开拓者

互联网金融有一个比较明显的发展趋势，就是各个垂直领域的不断出现和发展，例如房地产金融、汽车金融、农村金融等垂直领域的金融平台逐渐发展和深化，这对于创业者来说是一个绝好的机会。

为什么这样说呢？

首先，无论是资金还是其他方面的实力，创业者都无法与巨头们同日而语。在这种前提下，创业者若想找到突破口，就必须从细分领域切入。而上述的垂直领域，就是创业者们绝好的切入口。

其次，当下正处于一个风风火火的全民创业时代，但相对来说，互联网金融创业者在资金、实力等方面较弱，有些创业者甚至找不到发展的方向。在这种大环境下，不少金融孵化平台会从资金、技术等方面对创业者予以一定的支持和帮助，使之能够更快地成长起来。

最后，众所周知，互联网金融领域存在金融信息不对称的问题，而这一点又恰恰成为垂直金融领域一个非常好的机会，因为传统行业、互联网和金融三者之间的结合所诞生的垂直互联网金融，更了解这个细分行业，也能更好地解决信息不对称问题。

巨头在综合互联网金融领域存在的优势

大部分巨头在打造互联网金融平台时，没有过多地细分领域，这也使得巨头在综合互联网金融领域的优势越来越明显。

在理财领域，BAT三巨头（百度、阿里巴巴、腾讯）有着明显优势，同时三家的实力也更容易获得广大理财用户的认可。

在支付领域，阿里支付宝、微信支付、百度支付分别得到了强势的发展，而且这种势头依然在持续。

尽管巨头们在互联网金融领域有着较为明显的优势，但想要“独占鳌头”，可能性似乎不太大。

第一，巨头的互联网金融平台需要传统银行的接入与合作支持，而传统银行本身所推出的互联网理财也在一定程度上对巨头造成了冲击。因此，不难预测，传统银行与互联网金融将在未来很长的一段时间里共存下去。

第二，从用户的角度上看，目前在互联网金融平台上理财的主要以青年人为主，而中年、老年一辈，他们的资金大部分还是放在银行储蓄或是购买银行的理财产品，这部分人群由于固有思维的存在以及对于资金安全等方面的顾虑，很难成为互联网金融平台的用户。

第三，从垂直的角度来考虑，巨头所打造的综合理财平台也无法满足所有客户的需求，在很多细分领域仍将会出现优秀的垂直平台，这些垂直平台的服务也更专业化。例如，拿当前火爆的 P2P 理财来说，就涌现出了大批优秀的互联网理财平台。

总的来说，在未来一段时间里，互联网金融于综合领域上依然是传统金融与互联网巨头齐头并进，而垂直细分领域则会成为创业者们的天堂。

第十二章
「　群雄逐鹿　」
——学互联网金融必知的第三方支付常识

1. 第三方支付领域的领头羊——支付宝

随着电子商务和科技的不断发展，我国的第三方支付平台如雨后春笋般出现，数不胜数。然而，中国最早的第三方交易平台是支付宝，如今基本上有过网购经验的人，都会注册至少一个支付宝账户，支付宝也因此成为网购支付的领头羊。

支付宝的发展历程

那么，我们所熟知的支付宝，是如何一路走来渐渐发展到今天的呢？

2003年10月18日，淘宝网首次推出支付宝服务。

2004年，支付宝从淘宝网分拆独立，逐渐向更多的合作方提供支付服务，发展成为中国最大的第三方支付平台。

从支付宝诞生的第一天起，它就扮演着一个担保交易的角色。当时，国内网购仍处于初级阶段，支付宝作为一个支付中间者，有效地降低了交易双方的风险，当然主要是买家风险，这让淘宝快速发展，甚至后来超越了ebay和易趣。

2005年，支付宝推出“全额赔付”服务，提出“你敢用，我敢赔”的承诺，使支付宝市场开拓加快了速度。

2008 年，支付宝发布移动电子商务战略，推出手机支付业务；同年，其公共事业缴费功能正式上线，支持水、电、煤、通信等生活缴费项目。

2013 年 6 月，支付宝推出账户余额增值服务，也就是我们所熟知的货币基金“余额宝”。通过余额宝，用户不仅能够得到较高的收益，还能随时消费支付和转出。

截至目前，支付宝凭借其强大而全面的功能，成为全球最大的移动支付商。支付宝的实名用户已经超过 3 亿，支付宝钱包活跃用户超过 2.7 亿，单日手机支付量超过 4500 万笔。

支付宝广受欢迎的原因

支付宝发展到今天，已不仅仅是一个第三方支付平台，而是一个个性化的生活服务平台。支付宝除提供便捷的支付、转账、收款等基础功能外，还能快速完成信用卡还款、充话费、缴水电煤费，而且，通过智能语音机器人触达上百种生活服务，不仅能享受消费打折，并且可以与好友建群互动，还能轻松理财，积累信用。

除了网页版支付宝，现在更多的是在智能手机上使用，该手机客户端名为“支付宝”。支付宝具备了电脑版支付宝的功能，也因为手机的特性，内含更多创新服务，如“当面付”“二维码支付”等。另外，还可以添加“服务”，其中包括银行服务、缴费服务、保险理财、手机通信服务、交通旅行、零售百货、医疗健康、休闲娱乐、美食吃喝等十余个类目，来让支付宝成为自己的个性化手机应用。

2. 以社交优势抢占先机——微信支付

人们所熟悉的移动支付方式，除了支付宝外，大概就是微信支付了。如今，在便利店购物，在饭店吃饭，甚至在街边的小吃店、水果摊上消费，都无须使用现金，只需要打开微信扫一扫二维码，即可轻松支付。不得不说，科技的发展大大改变了人们的生活方式。

微信支付的操作流程

2013 年 8 月，微信支付正式上线。其操作非常简单，在开启微信支付之前，用户只需要在微信“钱包”中按照流程绑定自己的银行卡，或是直接在微信“钱包”中充值，待到消费支付时，打开微信中的“扫一扫”功能，通过扫取对方的付款二维码，就可以向对方付款了。如此方便的操作，几乎每个用户都可以轻松上手。

而正是因为操作流程简单、支付快捷方便，微信支付如今已成了人们生活中的主流支付方式。举个例子，2014 年 1 月，“滴滴打车”与微信支付合作，短短三天时间内，通过微信支付的订单就超过 10 万；据滴滴披露的数据显示，超过 60% 的滴滴乘客热衷于使用微信来支付乘车费用。

品牌理念——“微信支付·不止支付”

除了支付功能以外，微信支付一直以来持续打造“智慧生活”，将企业责任与更多行业及用户的需求相关联，提供更多的商业和用户价值，这就如同其品牌理念所阐述的一般——“微信支付·不止支付”。

第一，微信支付不仅使交易更为便捷，还促进了人们的沟通。

微信支付拥有多方面的产品功能，例如红包、转账、发起收钱、找零等，不仅方便了交易，提高了生活效率，而且还为我们的生活增添了不少乐趣。例如，我们给对方转账的时候可以选择使用“微信红包”，而且还可以输入简短的祝福语，这样一来，就把付款这件小事变成了情感交流和传达爱意的新方式。

第二，微信支付给人们带来了智慧高效的生活体验。

早在 2014 年 3 月，王府井百货就接入了微信支付；到了 2014 年

10月，丽江、大理、西塘、鼓浪屿、凤凰等热门旅游景区内近3000家客栈和民宿已全面上线微信支付；而如今，大到旅游景区，小到街边摊贩，都已经可以使用微信来支付和消费。其线上线下场景的覆盖，给用户提供了零售、餐饮、出行、民生等方方面面高效智慧的体验，让用户更加自在、有安全感地生活和出行，用户从此告别钱包、告别排队、告别假钱、告别硬币零钱。

第三，微信支付同时也在帮助产业升级。

微信支付创新的技术支撑和开放的平台原则，为传统行业带来了智慧的解决方案，有助于传统行业转型升级，让传统行业搭上“互联网+”的直通车，推动传统行业产业升级，带来新的机会和转变，更多商业化价值输出，引领行业共建智慧生活圈。

3. 金融级电子支付专家——汇付天下

2006年7月，汇付天下于上海成立，其核心团队由中国金融行业资深管理人士组成。它与支付宝同样属于国内领先的支付公司，但二者的发展模式不同，汇付天下专注于做金融级电子支付专家，可谓是深耕行业；而支付宝则依托淘宝网这个强大平台，更加注重个人客户业务。

汇付天下：高效支付专家

汇付天下，自2006年成立以来，一直保持着高昂的发展势头，取得了傲人的成绩。到了2013年，其交易规模超万亿元，稳居行业前三甲。目前，汇付天下在北京、广州、深圳、成都、武汉、济南、南昌等30多个城市都设有分公司，旗下有汇付数据、汇付科技等子公司。汇付天下正在为全国逾百万小微企业提供服务；同时，为国内95%的商业银行、数百家领先的P2P公司提供金融服务，为200万投资者和理财顾问提供一站式理财平台。

在金融支付领域，汇付天下是第一家获得中国证监会批准开展网上基金销售支付服务的企业，其开发的创新产品“天天盈”帮助投资者实现了随时随地持任意银行卡购买任意基金公司产品的愿望，这有助于提高我国基金业的电子商务水平，同时加速了网上理财时代的到来。

在产业链支付领域，汇付天下推出的新型产品“钱管家”有效提升了传统分销行业的电子商务水平，已经得到诸多行业的认可和广泛应用。

汇付天下的优势

汇付天下成立以来保持了快速发展，年支付结算量已超千亿元，是中国电子支付行业中的佼佼者。能够取得如此傲人的成绩，主要得益于它多方面的优势：

首先，汇付天下致力于产业链支付，聚焦产业链营销特点和资金流向，研究开发创新的电子支付工具和技术，为产业链不同层级的主体提供支付结算解决方案，有助于传统产业链行业快速迈入电子商务时代。

其次，拥有金融级风险管理体系。汇付天下的核心团队由中国金融行业资深管理人士组成，其中高层均来自金融业，通过了国家金融监管机构最严格的资质审查、系统评估和资金安全性评审。

最后，拥有一整套完善的服务体系。汇付天下提供的服务体系包括售前服务、定制方案、专员服务、运营服务等一整套流程，坚持一切从客户的角度出发，确保满足客户需求。

4．抢占下一站风口——财付通

财付通于 2005 年 4 月正式上线，是腾讯集团旗下的第三方支付平台。作为国内领先的第三方支付平台之一，财付通始终致力于为互联网用户及企业提供更安全快捷的在线支付服务。经过多年发展，财付通服务的个人用户已超过2亿，服务的企业客户也超过40万，覆盖的行业包括游戏、航旅、电商、保险、电信、物流、钢铁、基金等，并推出了诸如快捷支付、分期支付、微支付等多种产品，受到了互联网用户的广泛肯定。

财付通的开通及交易过程

财付通的开通方法非常简单：在通讯工具QQ的“钱包”窗口，即可激活财付通，用户只需要输入自己的姓名、支付密码、身份证号，然后点“发送验证码”，QQ上绑定的手机号就会收到验证码，再输入这个验证码就会提示“数字证书安装成功”，接着，就可以顺利使用财付通了。

财付通的交易过程大致是这样的：首先，买家需向自己的财付通账户充值，使资金从银行账户划拨到自己的财付通账户。其次，通过中介保护收款功能，选择实体或虚拟物品后提交；提交后，系统将通知买家付款，待买家付款以后，系统就会通知卖家发货。再次，卖家此时会收到财付通向其发出的发货通知，并根据显示的买家地址发货；买家收到货物后，登录财付通确认收货，同意财付通拨款给卖家。最后，财付通将买家财付通账户中冻结的应付账款转到卖家财付通账户，而卖家只需要绑定自己姓名的银行卡就可以完成提现了。从整个交易过程中我们不难发现，财付通较好地确保了买家资金的安全性。

多样化的服务

作为第三方交易平台，除了充值、支付、提现等基本的功能外，财付通还拥有其他多项功能和服务。

一是“财付券”服务。这是财付通为广大拍拍网卖家提供的一种增值服务，拍拍网卖家可以把财付券赠送给任意的QQ用户。而财付券的功能则类似于互联网代金券，能够在交易中抵扣相应的付款金额，获得一定的优惠。

二是生活缴费业务。用户可以使用财付通缴纳各项生活费用，例如水、电、煤、通信等费用，足不出户即可轻松缴费，节省了用户的时间和精力，体现了互联网的便捷性。目前，国内已有部分大城市开通了该项服务。

5. 银行“老大哥”的发力——银联在线

中国银联，是2002年3月经国务院同意、中国人民银行批准设立的中国银行卡联合组织。在我国银行卡产业中，中国银联处于核心地位，对我国银行卡产业发展发挥着奠基性的作用。而“银联在线支付”，是中国银联推出的银行卡网上支付交易平台，是国内第一个具有金融级预授权担保交易功能、全面支持所有类型银联卡的一体化网上支付平台。可以毫不夸张地说，银联在线支付就是我国第三方支付平台的“老大哥”。

银联在线，为用户提供多项服务

作为国内第三方支付平台的“老大哥”，银联在线拥有全方位、多方面的功能：

一是网上购物。支持国内外多个网上购物商城的支付，包括团购、秒杀等形式的购物网站。

二是生活服务缴费。开通多项生活服务类缴费功能，包括水、电、燃气、通信、有线电视等，覆盖全国多个城市。

三是信用卡还款。为用户提供便捷、安全的在线信用卡跨行还款服务。

四是商旅服务。支持全国多地区的酒店预订、机票预订等商旅预订服务。

五是微支付。为用户提供AppStore等电子商店的虚拟小额产品购买。

此外，用户还可以通过银联在线办理基金申购、理财产品销售、慈善捐款等多种业务，从而获得更好的互联网金融体验。

银联在线的优势

银联在线是一个支持所有类型银行卡的综合性、集成化的支付平台，涵盖了多方面的功能和服务，例如，认证支付、快捷支付、小额支付、储值卡支付、网上银行支付以及为客户提供各类生活类缴费服务等，它具有多方面的优势：

一是方便快捷。银联在线采用快捷支付模式，用户无须开通网上银行即可操作，简单灵活，有助于加快交易进程，提高交易效率，提升用户体验。

二是安全可靠。银联在线拥有多重安全防控技术，为用户提供全面、立体、实时的风险监控，且具有完善的风险处置和化解机制，能够实现前中后台联动，充分保证交易安全。

三是全球通用。随着全球化服务进程的加速推进，银联在线适时推出了跨境网上支付服务，且已经覆盖了全世界的主要国家和地区，国内主要银行发行的银联卡均可使用，无须加收货币转换费，大大提高了交易效率。

四是支持金融级预授权担保交易。银联在线支付是我国第一个支持金融级预授权担保交易的在线支付平台，与其他担保支付方式相比，银联在线支付完全按照金融规范和标准提供预授权担保交易，在交易最终确认前，交易资金在自有账户内冻结，无须提前向第三方划转，可免除利息损失和挪用风险，解决了持卡人对支付资金安全问题的担心，最大化地保证了银行、商户和持卡人的利益。

第十三章

「　小额信贷野蛮生长　」

——学互联网金融必知的 P2P 网贷常识

1．P2P 对民间借贷是冲击还是融合

什么是民间借贷？人们对它普遍的理解是，指公民之间、公民与法人之间、公民与其他组织之间的资金借贷行为，这种方式无须经过金融监管部门批准设立的从事贷款业务的金融机构同意或审批，具有手续简便、及时、灵活的特点。

而 P2P 是指利用互联网平台进行的点对点借贷。与民间借贷不同的是，它需要依托互联网平台，是一种线上服务，且 P2P 平台自身扮演着一个中介的角色，会向投资者和借贷者收取一定数额的服务费用。另外，相对民间借贷而言，P2P 网贷的利率较低。下面，我们就来具体看看，P2P 网贷是如何影响民间借贷的。

民间借贷具有多方面的优势，但不得不说，由于各方面的原因，民间借贷也存在不少缺陷，例如，借贷信息不对称。大多数民间借贷人根据一定的收益向周围的人募集资金，然后以更高的利息放贷出去，在这个过程中，明显存在着信息不透明的问题，致使投资者和借款人对中间差额的了解甚微。而 P2P 网贷平台的出现，则很好地解决了这方面的问题。借贷双方有了可以对接的平台，彼此的交易信息一览无余，资金的去向也更为阳光透明，这就形成了一种较为安全可靠的商业模式。

P2P 网贷的出现，不仅提高了借贷双方资金流对接的效率，解决了部分个人与小微企业融资难的问题，还有助于我国民间借贷金融逐步向规范化发展，促进了我国金融体制的改革。

然而，P2P 网贷也需要运营和监管。特别是近几年来，P2P 网贷出现诈骗和跑路事件，引起了有关部门的高度关注。由于 P2P 网贷在我国仍属新兴产业，具有一定的风险性，应进一步完善相关法律法规，同时出台有关政策加以干预和指导，帮助其健康和谐发展。

2．解读 P2P 平台的三大风险

P2P 网贷的诞生和发展具有一定的积极意义，但同时也有不少潜藏的风险。笔者在研究和收集信息的过程中，总结出 P2P 网贷存在的风险大致有以下几个方面。

道德风险

我们知道，在 P2P 网贷的流程中，借款人和出借人之间的资金周转是通过操作中间账户来完成的，而这个中间账户却不具备清晰的资金流动性。尽管 P2P 网贷通过第三方平台来进行资金托管，但说到底，第三方平台的账户也不过是一个对外的虚拟账户，而用户所能看到的自己资金的状况也只是这个虚拟账户中的沉淀物罢了。同时，资金调动依然由 P2P 网贷公司来发布指令，因为第三方支付平台没有权利和义务去监管它。由此可见，若 P2P 网贷动了擅自挪用用户资金的想法，用户的资金就存在风险。

流动性风险

随着 P2P 网贷的日益发展和流行，其平台之间的竞争也不断加大，为了吸引资金出借人的投资，不少网贷平台提出了“保本”甚至是“本息保障”的策略。换句话来说，就是一旦出现借款人违约的事件，网贷平台就得自行垫付出借人的本金甚至是本息。在这种情况下，一旦发生大面积的坏账，网贷平台就可能要垫付大额资金，如果此时资金不足，就会出现流动性风险。

特别是，P2P 网贷的信用度本身就比较薄弱，一旦出现风险，必将大幅降低出借人投资的积极性，这样又会发生资金链断裂的情况，平台需要自己垫付的资金额就会相应增加，由此更是加大了风险强度。

法律风险

第一，非法吸收公众存款风险。随着 P2P 网贷平台的发展，一些 P2P 网贷平台已经严重偏离了信息中介的定位，由最初的独立平台逐渐转变为融资担保平台，进而又演变为经营存贷款业务的金融机构，这实际上已经远远超出了 P2P 网贷定义的界限。而有些 P2P 网贷平台通过将借款需求设计成理财产品出售给放贷人，或者先归集资金、再寻找借款对象等方式，使放贷人的资金进入平台的中间账户，产生资金池，从而涉嫌构成非法吸收公众存款罪。

第二，集资诈骗风险。在中国网络借贷发展的早期，就出现过一些纯粹诈骗、开设虚假网站吸收出借人资金的平台，例如 2012 年爆发的优易网案，它是我国首个以集资诈骗罪名公开审理的 P2P 网贷平台个案。此案直接涉案金额为人民币 2551.7995 万元，出借人受损金额为人民币 1517.8055 万元，受害者包括全国各地的 60 多名出借人。

目前 P2P 网贷平台集资诈骗的情况有两种：一是借款人利用 P2P 网贷平台进行集资诈骗，如借款人利用在 P2P 网贷平台上虚拟的项目和用途，或编造虚假身份信息向不特定的公众发出邀请，从而骗取出借人款项。二是 P2P 网贷平台的运营商自身掌控资金运作进行集资诈骗，即一些不法分子随意建立 P2P 网贷平台，向不特定公众发出邀请，进行资金运作，在骗取资金后携款潜逃。

第三，资金非法挪用风险。P2P 借贷平台的本质是信息中介，也就是说，P2P 借贷平台不能直接经手归集客户资金，也无权擅自动用在第三方托管的资金。然而，P2P 借贷平台间拆借的现象时有发生，行业中挪用资金的行为也不容忽视。例如，2013 年发生的东方创投 P2P 非法挪用资金案件，其挪用数额之大、行为之恶劣，严重破坏了金融秩序及社会的和谐稳定。

3．监管落地，P2P 告别“野蛮生长”时代

P2P 网贷诞生以来，因对其缺乏监管，有关人士曾生动地称其为“野蛮生长”。然而，2016 年 8 月 24 日下午，在银监会、工信部、公安部、国家互联网信息办公室联合发布了《网络借贷信息中介机构业务活动管理暂行办法》(以下简称《办法》) 后，P2P 网贷的监管细则正式落地，从此告别“野蛮生长”的时代。

《办法》对于网贷的主要管理措施

这个关于 P2P 网贷的监管细则出台后，被不少网友称为“史上最严规定”。那么，到底这个监管细则对于网贷的主要管理措施有哪些呢？

首先，对业务经营活动实行“负面清单”管理。这个管理模式具体包括不得设立资金池、不得吸收公众存款、不得提供担保或承诺保本保息、不得发售金融理财产品、不得开展类资产证券化等形式的债权转让等十三项禁止性行为，而明令禁止这些行为，是考虑到网贷机构处于探索创新阶段，业务模式尚待观察和摸索。但是，在政策安排上，允许网贷机构引入第三方机构进行担保，也允许其与保险公司合作开展相关业务。

其次，对客户资金实行第三方存管。《办法》规定对客户资金和网贷

机构自身资金实行分账管理，由银行业金融机构对客户资金实行第三方存管，对客户资金进行管理和监督。这样的做法有助于防范网贷机构设立资金池，发生欺诈、侵占、挪用客户资金的不法行为，有助于增强市场信心。

最后，降低借款集中度风险。《办法》规定网贷具体金额应当以小额为主，这是出于降低借款集中度风险的考虑，能够更好地保护出借人权益，防范网贷机构道德风险，并与非法吸收公众存款有关司法解释及立案标准相衔接。

对出借人和借款人的行为做出的规定

也许我们当中的不少人都曾参与过 P2P 网贷，或者未来有可能参与 P2P 网贷，那么必然更加关心《办法》对于出借人和借款人有哪些规定。

首先，《办法》重点考虑了消费者权益保护，注重对出借人和借款人尤其是出借人的保护，专门对借贷决策、出借人和借款人信息、风险揭示及评估、资金保护以及纠纷解决等问题进行了详细规定，以确保出借人和借款人的合法权益不受损害。

其次，《办法》也对出借人和借款人的行为进行了规范，明确规定参与网贷的出借人与借款人应当实名注册；借款人应当提供准确信息，确保融资项目真实、合法，并按照约定使用资金，明令禁止借款人欺诈、重复融资等。《办法》还要求出借人应当具备非保本类金融产品投资的经历并熟悉互联网，应当提供准确、真实且完整的身份信息，出借资金来源合法，拥有风险认知和承受能力以及自行承担借贷产生的本息损失。这些规定，本质上属于合格投资者条款，其目的是在行业发展初期更好地防范非理性投资，引导投资者风险自担，进一步保护出借人的合法权益。

总的来说，《办法》作为行业经营和监管的基本制度安排，较为全面系统地规范了网贷机构及其业务行为，为行业的发展明确了方向，同时有助于防范网贷行为的风险，整顿网贷行业的违规行为，提升公众的法律和风险意识，引导和促进网贷行业形成健康可持续的发展模式。

4．P2P 加速“影子银行”市场化的措施

“影子银行”的概念源自于 20 世纪六七十年代的美国。当时欧美国家出现了信用危机，如存款流失、信用下降、盈利减少、银行倒闭等，被称为“脱媒型信用危机”。政府对金融部门的管制松懈，促使一股金融创新潮在市场竞争中形成，各类金融产品、金融工具、金融组织及金融经营方式层出不穷。此时，就逐渐形成了“影子银行”体系——各类新型金融产品的发展远远超过传统金融产品。

后来，“影子银行”被金融稳定理事会赋予了定义。它是指游离于银行监管体系之外，可能引发系统性风险和监管套利等问题的信用中介体系，包括各类相关机构和业务活动。在我国，“影子银行”的概念尚未得到明确的界定，常常被理解为不受监管的借贷活动，包括委托贷款、小额贷款公司、担保公司、信托公司、财务公司和金融租赁公司等进行的“储蓄转投资”业务，以及民间借贷等。

我国的“双轨制”金融现状

在我国，由于传统金融机构的储蓄利率较低，人们越来越不愿意把钱存到银行，而乐于把钱投入“影子银行”中，也就是参与一些民间借贷活动，这种传统银行与“影子银行”并轨的现状，被人们形象地比喻为“双轨制”。

一方面，“影子银行”是传统金融机构的补充，它让金融市场变得更加繁荣；另一方面，因“影子银行”不受监管，也让金融体系变得更加脆弱。早在 2013 年，中国银行业监管机构已估算出国内“影子银行”的规模突破 8 万亿元，这个数字在当时已接近社会融资总量的一半。由此可见，“影子银行”的发展速度非常快。然而，我们必须看到，“影子

银行”的大部分融资游离于监管体系以外，具有相当大的金融风险。例如，2011 年温州民间借贷危机爆发，各地民间金融风险随之浮出水面，当地的银行系统也受到了牵连。

P2P 发展，推进“影子银行”市场化

因为缺乏较为平等的融资权利，很多个人和小微企业的融资往往只能选择“影子银行”，这使得“影子银行”的门槛越来越高，因此个人和小微企业无法得到市场化的服务，并且具有一定的风险。而 P2P 网贷的诞生和发展，使得“影子银行”降低了门槛，同时加大了其竞争力度。它借助市场化的力量将融资渠道重新组合，不仅促进了再分配，而且也成为再分配的重要手段。同时，P2P 与小额贷款机构、担保、信托等合作，会占据一部分“影子银行”的市场，实现价格机制的市场化。因此，P2P 网贷的发展，加速了“影子银行”的市场化，促进了金融体系的可持续健康发展。

5．以宜信为代表的 P2P 债权转让模式

债权转让模式是 P2P 借贷的一种常用模式，这种模式的一般流程为：P2P 借贷平台在线下寻找借款人，对其进行评估，通过后推荐给专业放款人，而专业放款人通常是平台的实际控制者；专业放款人向借款人放款，取得债权，然后把债权转让给投资人，而投资人则获得债权带来的利息收入。

宜信，是 2006 年成立于北京的一家 P2P 金融企业，是“债权转让 P2P”的首创。以宜信为例，它的债权转让模式就是由宜信控制人唐宁以其个人名义充当资金中介，借款人向唐宁个人借款，然后唐宁再将为数众多的债权分拆、用不同期限组合等模式打包转让给真实资金出让

方，从中赚取利息差额。

出现债权转让式 P2P 的原因

以宜信为代表，“债权转让模式”是不少 P2P 平台会采用的一种业务模式。之所以如此，是因为互联网技术的局限、客户体验等问题，很多 P2P 平台无法真正做到出借人及借款人的“点对点”线上直接借贷。

首先，“点对点”借贷无法解决借款人的“即时性”需求。在现实生活中，很多借款人的用款需求都是“即时性”的，特别是消费类的、小额的借款。如果采取由线下审核后再放到线上募集资金的模式，期限较长，无法满足借款人的需求。而且，单笔费用单笔上线，会导致平台标的数量非常多，增加操作成本。

其次，抵质押类的借贷，无法实现单纯的线上运作。在实际操作中，抵质押类的借款需要先落实抵质押手续，再给借款人放款，如果直接在线上募集资金的话，无法办理抵押、质押手续，而且很难确定办完手续后能否在线上募集到款项；如果无法募集到资金，就需要对抵押、质押状态进行还原，过程复杂且费时费力。

最后，互联网在我国尚未完全覆盖和普及。尽管互联网的发展非常迅速，但不得不承认，我国还有很大一部分人对互联网的认知有限，特别是对互联网金融的认知，因此，很多借款人无法有效利用互联网融资。

6. 纯中介式 P2P 在国内难以实行的原因

所谓“纯中介式 P2P”，就是说 P2P 网贷只扮演“信息中介平台”的角色，提供互联网信息以及出借人、借款人的信息，而不参与借贷流程。其模式大致可以描述为：借款人在平台发布项目，出借人根据借款人在平台上公布的项目资料进行投资决策，平台只提供信息服务，借贷的法律关系由双方独立完成，由借款人承担还款义务，出借人独立承担投资风险。这种模式，国外较为出色的例子是 P2P 网贷鼻祖——美国的 Lending Club，国内较为知名的则是“拍拍贷”。

“纯信息中介”被明确界定

《网络借贷信息中介机构业务活动管理暂行办法》对网贷机构的定义进行了明确的界定：“网络借贷信息中介机构是指依法设立，专门从事网络借贷信息中介业务活动的金融信息中介公司。该类机构以互联网为主要渠道，为借款人与出借人（即贷款人）实现直接借贷提供信息搜集、信息公布、资信评估、信息交互、借贷撮合等服务。”我国的 P2P 平台正在往“纯中介式”发展。

纯中介式 P2P 在国内或许难实行

纯中介式 P2P 要求“去中心化”，但是目前国内大部分 P2P 网贷平台尚未能做到“去中心化”，很多平台还在做类似金融机构的事情，借款人和出借人围绕着平台这个中心进行借贷，而平台需要承担类似银行的职能，对借款项目进行风控，对出借人的资金进行本息担保，承担着较大的风险。实际上，要求 P2P 在我国成为一个纯中介式平台是比较困难的，原因有以下几个方面：

第一，个人征信体系不够完善。目前，国内尚无机构对 P2P 网贷的借款人信用进行权威评级，依然由平台自身的风控部门来进行信用风险评估。完整的风控流程通常由贷前、贷中和贷后管理等风险管理步骤组成，这需要大量的成本，而这些成本最后是由借款人来承担的，导致借款利率普遍偏高，无形中就会增加借款人的违约风险。

第二，P2P 行业公信力不足。在我国，P2P 网贷仍处于行业发展初期，许多规则还在摸索阶段，尚未完善。这种现状一方面给了不法分子违法违规的机会，造成很多风险事件；另一方面也导致不少平台遭到市场的淘汰。这些负面事件的发生，加上新闻媒体等广泛报道，使得行业的公信力愈发下降。

第三，金融消费者风险意识不足。过去，传统银行的“刚兑”（即无条件承担代偿责任）培养了消费者无风险的意识，使之形成了一种天生的依赖性，因而很多金融消费者的风险意识不足。在这样的消费环境下，平台为了吸引出借人，不得不模仿银行的“刚兑”模式，对出借人的资金进行担保。出借人投资项目时实际上主要是评估平台的风险，而不是具体某个项目的风险，一旦项目爆发危机，最终遭殃的还是金融消费者。

因此，我国的 P2P 网贷平台若想往“纯中介式”的方向发展，也许无法很快做到，需要逐步地加以引导和过渡。

第十四章

「　草根创业者的福音　」

——学互联网金融必知的众筹常识

1．众筹不只是简单的“凑份子”

也许你会发现，“众筹”这个词近年来频繁地出现在我们的生活和工作中，我们读的书、看的电影、朋友的创业项目甚至是楼下的咖啡厅，都很可能是众筹的。在前面的章节中，我们说“众筹”就是通过互联网为项目募集资金的融资方式。然而，众筹虽与募集资金密不可分，却不只是简单的“凑份子”，在某些众筹项目中，钱甚至不是关键要素。

众筹的目的

众筹的目的，除了募集资金以外，还有以下几方面：

一是筹集人脉。有人说，众筹的本质其实不是“筹钱”，而是“筹人”，所谓“筹人”就是筹集人脉、组建圈子。例如，“1898 咖啡”就是由一群志同道合的北京大学校友所众筹创立的，通过众筹让本身互不相识的校友们聚集在一起，其中的意义比简单的募集资金要重要得多。

二是传播和推广品牌。众筹的平台可以发挥宣传推广的作用。发起人通过该平台发布项目，可以让大家认识其品牌，即便最后无法募集到资金，也起到了宣传的作用。

三是验证产品、锁定用户。很多创意产品在推出之前，发起人都会利用众筹的平台来验证其“受欢迎度”，如若参与的人多，则说明该产品能够获得市场，有发展的潜力；如若参与的人少，发起人则可以进一步改进产品，有助于产品自身的完善。

众筹的模式

根据众筹的发起人给予投资人回报方式的不同，可以将众筹分为四种模式：

第一种是股权类众筹。大家较为熟悉的一种股权类众筹模式，就是投资者在新股 IPO（首次公开募股）的时候去申购股票，但是，在互联网金融领域，股权众筹主要特指通过网络的较早期的私募股权投资，是风险投资的补充。这种模式以资金和股权作为对价，以股权为回报，有关专家认为这是众筹模式中最具有魅力的一种，也代表着众筹的发展方向。

第二种是债权类众筹。这种模式是指投资者对项目或公司进行投资，获得其一定比例的债权，未来获取利息收益并收回本金。

第三种是回报类众筹。回报类众筹一般是指仍处于研发设计或生产阶段的产品或服务的预售，它与团购不同，团购是已经进入销售阶段的产品或服务的销售，而回报类众筹则需要面临着不能如期交货的风险。此外，回报类众筹与团购的目的也不尽相同，回报类众筹主要为了募集运营资金、测试需求，而团购主要是为了提高销售业绩。

第四种是公益捐赠类众筹。捐赠类众筹实际就是做公益，它通过众筹平台来筹集善款，比如红十字会等非政府组织的在线捐款平台就算是捐赠类众筹的雏形：有需要的人由本人或他人提出申请，非政府组织做尽职调查、证实情况，然后在网上发起项目以及公众募捐。

2. 价值产生：众筹平台实现多方增值

早在18世纪，就有不少文艺作品是通过“订购”的方式来创作的。例如，一些音乐家会去寻找订购者，让这些订购者为其作品提供资金，当作品完成时，订购者会获得一本写有他们名字的书或是协奏曲的乐谱副本，或者可以成为音乐会的首批听众，这就是“众筹”的雏形。

而如今，众筹成为互联网金融中的一种商业模式，不仅让很多缺乏资金的创业者有了机会，同时还通过这种方式让众筹平台本身及出资人实现了资产增值的目的。

众筹平台的盈利方式

Kickstarter是国外的一个众筹网站，在该平台上成功筹资的项目，平台会收取5%的佣金，以实现盈利。也就是说，众筹平台是可以通过收取项目佣金来实现盈利的。众筹平台收取项目佣金后，需要对筹资项目提供服务，同时还需要确保出资人资金的安全，防范一定的风险。总的来说，众筹平台的功能包括审核项目、搭建销售渠道、推广宣传、包装产品等。为保证项目内容有价值，众筹平台通常会进行一系列的审核和评估后才会将项目推出。目前，国内的众筹网站仍不及国外的众筹商业模式那么成熟，因此还无须收取佣金。免收佣金可以吸引到更多更好的项目，拓宽市场，这也是众筹网站经营初期的重要手段。

筹资人的商业增值

毋庸置疑，对于项目的发起方，利用众筹的方式募集资金可以创造很大的价值。传统银行的贷款通常只对规模较大、声誉较高、资产负债率低的企业发放，而民间借贷普遍利率过高，因此小微企业或是创业者存在贷款难的问题。相较之下，众筹是更合适和理想的融资方式，它为小微创业者提供了成本更低、更快捷的资金获取渠道。

投资人的商业价值

一直以来，都有不少草根投资者想要参与创业，或是成为创业的主导者，但缺乏相应的机会，而众筹这样的商业模式很好地满足了他们的愿望。投资者可以通过不同的众筹平台和项目获得投资的机会，获得股权或公益回报，同时也通过与项目发起人及其他项目参与人的互动积累人脉。

3．众筹来袭，创业者做好准备

创业者在初创期间，往往面临着资金、资源、人脉短缺的状况，众筹作为互联网金融的一种模式，能够很好地帮助初创者解决以上的困难。那么，创业者该如何玩转众筹呢?

关于项目的选择

发起众筹之前，首先要想清楚你的项目是什么。理论上来说，所有项目都可以发起众筹，但是作为一个创业者，需要更多地考虑项目的创意性及其发展的潜力。而且必须考虑的一点是，愿意在众筹平台上投资的主要是年轻人，因此你的项目或产品的受众最好是年轻人，这样对于项目日后的发展是有一定的好处的。

撰写商业计划书

一份优质的商业计划书可以说是成功融资的敲门砖，因此学会撰写一份吸引人眼球的商业计划书，是每一个创业者的基本功之一。大致来说，一份众筹的商业计划书需要包括项目定位、资金预算、盈利分析、可行性论证等有关商业要素，而与其他计划书不同的是，创业者要尽可能加入只有股东可以参与的有意思的吸引人的因素。众筹的投资人除了项目的风险和回报以外，可能还关心他投资该项目后可以获得什么权利，这种权利可以是有意思的、好玩的，比如投资咖啡厅，股东有免费咖啡赠饮，股东朋友来消费有折扣，还可以教股东做咖啡，等等。

把项目推出去

做好一切准备工作之后，就可以选择众筹平台把项目推出去了。众筹需要宣传推广，以获得更多投资者的关注。众筹的宣传也分线上与线下，线上主要是利用各种互联网资源去宣传，线下就是开展各种各样的宣讲会。

在线上，可以利用诸如京东众筹、众筹网、人人投等专业网站来发起项目，然后充分地利用论坛、网络社区、各种通信工具例如 QQ 及微信等多个平台，撰写一份优质的文案，为自己的项目进行宣传和推广。

在线下，较好的宣传方式是宣讲会。开宣讲会之前可以利用纸媒来为自己的宣讲会和项目进行宣传。在宣讲会上，发起人可以和股东面对面交流，能更加准确地传达自己的理念，有利于融资，同时因为发起人和投资人彼此有过接触，双方的信任度会更高，有利于后期的沟通交流。

另一种较好的宣传方式是参加路演。2015 年 8 月，成立于青岛的“路演中心”就是一个致力于为中小企业服务的路演综合服务平台，它采取“现场路演 + 网上路演”相结合的方式，面向广大投资机构和中介服务机构推荐项目，以更加经济、高效的方式为中小企业做好融资对接等各类服务。

4. 解析房地产行业涉足众筹的四种模式

房地产众筹其实并不算是新鲜事，早在10多年前，就有个人集资建房的众筹模式出现。个人建房缺乏资金，通过众筹来实现，这很平常；可相对于个人，房地产开发商就是普通人眼中的“土豪”了，“土豪”也玩众筹，这是近几年才有的事。

房地产企业为何也玩众筹？银行融资难、成本高，房地产市场日渐饱和，房产销售变得困难，客户满意度有下滑的现象，退房率也日益增高，房地产企业因此产生了强烈的危机意识，于是纷纷试水互联网金融，玩起了众筹。

那么，下面来看看房地产众筹的四种模式有哪几种。

“融资型开发类”众筹

当出现区域房价上涨预期与资金成本不匹配，项目利润不足以覆盖银行、信托等传统融资方式的资金成本的情况时，房地产企业可以选择发起这类众筹。通过众筹可以为项目建设阶段提供低成本资金，达到降低项目负债率的目的，同时也利于提前锁定一批购房意向客户。例如2015年碧桂园在上海推出的“平安好房”项目，这个项目以“1平方米”作为众筹单位，由“平安好房”将众筹项目包装为保险、债券、好房宝等金融产品，让特定对象进行认筹。融资完成后项目开始建设，投资者可以对项目提出要求和建议，待建成后投资者可以获得某一套楼房整体或者部分的权益。此后，投资者可以选择众筹权利转为产权、直接拥有该套住房，或者是委托开发商卖房后转成收益权。

“营销型开发类”众筹

这类众筹一般在项目建设期进行，募集资金额度通常不会太高，它较有利于项目的前期宣传，同样也能为项目提前锁定一批有购房意向的客户。总的来说，“营销型开发类”众筹的营销推广意义大于融资意义。例如，2015 年 1 月当代北辰通过“无忧我房”发布的众筹项目，根据项目设计的规则，最终认购或委托报销的投资者将获得 5% 的工银瑞信产品现金收益，以及项目的优先选房权和优惠购房权。

“购买型 + 理财型”众筹

采用这种模式，一般是在短期去化较为困难、房价有上升预期的现房或者准现房产品的情况下，通过拿出部分房源作为标的，以低于市场的销售价格及“基本理财收益 + 高额浮动收益”吸引客户，设定固定期限，由投资者共同享有标的物产权。在退出时，投资者享有优惠购房权或可将标的物产权销售获得增值收益；而开发商虽通过众筹牺牲了部分利润，却能获取大量现金流，并且提高了项目的知名度。

“彩票型”众筹

这类众筹通常是指以吸引客户为目的、在项目获得预售证后进行的营销活动。房地产企业利用众筹平台，通过投资者竞价的方式，以探寻市场对项目定价的接受程度。“彩票型”众筹的参与门槛一般较低，通过拍卖、高收益率等形式，鼓励尽量多的投资者参与，从而达到扩大活动影响、炒热楼盘的目的。它的周期通常较短，且所有参与者均可获得收益。

5. 众筹在中国：3W 咖啡的成功启示

说到 3W 咖啡馆，想必大家一定不会陌生。它是国内的第一家众筹咖啡馆，于 2011 年由互联网创业者许单单召集上百名互联网投资者创立而成，通过不断地尝试和创新，成功做大做强。如今，3W 已不仅仅是一家咖啡馆，它更是一个互联网圈子，是一个由中国互联网行业领军企业家、创业家、投资人组成的人脉圈子。对于很多拥有创业梦想的人来说,3W 咖啡馆发挥着“指明灯”的作用,不仅照亮了他们的创业梦想,而且为他们实现创业梦指明了道路。而这条道路，就是众筹。

通过众筹的方式，创业者可以迅速找到志同道合的投资人，不仅可以募集资金，为创业者谋得资源和人脉，还可以利用众筹平台做推广营销，提前锁定一批潜在客户。可以说，众筹是创业者的梦想平台。那么，创业者若想通过众筹来完成梦想，需要注意哪些方面的问题呢？

定位要精准

不管是工业时代还是互联网时代，定位理论依旧有效管用。对于创业者而言，也许你有很多天马行空的创意和想法，但千万要记住，“大而全”不如“小而美”，一定要做减法，做好市场细分，深耕行业痛点。总的来说，就是要在一个行业深挖，而不要普遍涉足。

建立一道“玻璃幕墙”。这点同样非常重要。所谓建立“玻璃幕墙”，就是在发起人和投资人之间做到公开透明，一要保证投资人权益，二要保护发起人权益。发起人要做到诚实守信，实现财务透明、数据公开、流程规范、手续齐全，所有的信息都可以展示在阳光底下，投资人可以清晰明了地监管，发起人可以不受过多的牵制。

利用多元化众筹形式

单一形式的众筹回报往往很难做到汇聚人心，多元化的众筹形式组合则能解决该问题。最好的形式是“股权众筹 + 回报众筹 + 项目众包”，这种方式不但可以给投资人带来长期的股权利润，还能够在短期内让投资人有实际收益，更重要的是能够把众筹的参与感发挥出来，真正做到筹人、筹智、筹财。

项目要有看点

有看点、有格调、有创意的项目才具有吸引力和关注点，有趣、有料才能确保长久的发展、较强的黏性以及广为人知的传播性。

去中心化

若想项目成功，就要做到去中心化、去中介化，你不是一个人在创业，你需要找一批志同道合的人一起参与。如果单纯是为了筹钱的话，则有多种方法，不必选择众筹。众筹的本质是筹人、筹资源，让投资人一起参与，这也是众筹最基本的规则。

自我提升，成为复合型人才

作为一个发起人，你不仅要精通一个模块，还需要掌握更多的模块。你需要站在投资人的立场来想问题，保证投资人的利益；你需要站在经理人的位置看公司，把握公司整体的发展；你需要站在营销的角度做市场，解决市场积累；你需要站在消费者的角度来看行业，解决用户需求；你还需要站在产品的位置，让产品更完善。

6．天使汇：玩转股权众筹

股权众筹，指的是企业出让一部分股权，通过互联网渠道面向普通投资者，投资者通过出资入股公司，以期获得未来收益的一种融资模式。这种众筹模式在国内的历史并不长，第一个做股权众筹的案例是美微传媒在淘宝上卖股权，其通过众筹获得1194个股东，整体融资500万元，占到了美微传媒股份的25%。如今我国已陆续出现较多个以股权众筹为主要方式的众筹平台，“天使汇”就是其中较为知名的一个。

“天使汇”做股权众筹的方式

2011年11月11日，“天使汇”正式运营上线。起初它只是一个创业项目和投资人之间的信息平台，但后来借鉴了国外一些先进的经验，创立了“领投+跟投”的机制——专业背景相对深厚的“领投人”为非专业“跟投人”打消因经验不足而产生的顾虑，在承担更多风险的同时也会获得更多的收益。

2013年1月，“天使汇”创造性地推出“快速团购优质创业公司股权”的快速合投功能，上线仅仅17天就获得开门红，成功为创业项目Lava Radio募得335万元人民币的资金。“天使汇”成为中国早期投资领域排名第一的投融资互联网平台，例如，大家耳熟能详的打车软件“滴滴打车”和“黄太吉煎饼”都是在“天使汇”上成功募集到了天使投资的资金。

股权众筹的优缺点

股权众筹是一种有助于中小企业和创业者迅速获取创业资金的方式，它有着很大的优势。相较于传统融资方式而言，股权众筹的融资速度较快、成本较低，创业者无须过多繁复的手续，只需要将项目上传到股权众筹平台，便可迅速获得众多投资者反馈。如果反馈较好，可以迅速获得大量资金，同时可以有效避免投资者和创业者信息不对称的问题；对于投资者而言，有利于分散投资风险，扩大投资收益。

但现有的股权筹资模式也有一定缺陷。第一，企业出让股权给普通投资者，意味着原股东的股权就会被稀释，原股东甚至有可能丧失控股地位，股东间关系会发生变化，权利和义务将重新调整；第二，企业股权结构发生变化，管理权也会相应改变，企业将归股权出让后的控股股东所有；第三，管理权发生变化后，新的企业管理人员对企业的发展可能会有不同的战略方向，有可能会改变企业初创者的初衷和设想；第四，对于投资者而言，快速地获得投资回报是第一初衷，他们可能不会像企业创业者那样注重企业的长远发展，甚至可能改变发展战略以实现短期内的收益。

7. 未来众筹路在何方

在互联网金融日益发展的浪潮下，众筹这种商业模式也得到了越来越多人的认可，与此同时，其自身的平台价值和发展潜力也不断地受到资本市场的追捧。这种模式未来会有怎样的发展趋势呢？我们不妨结合其特点和属性来预判一下。

众筹促进传统产业加速转型

传统产业是生产者主导，主要考虑规模化、低成本。随着经济水平的不断提高和时代的不断发展，产品同质化现象越来越严重，传统产业在这样的大环境下亟须转型升级。众筹商业模式是互联网金融领域中的一种，互联网思维的本质是用户思维，也就是要求企业由生产者作为主导的思维模式转变为以消费者需求为中心。从这个角度来看，众筹有助于促进传统产业转型，因为众筹中的“众”指的就是大众，他们不仅是投资者，也可能是产品未来的消费者。

移动众筹平台的发展

随着移动互联网的发展，对于众筹网站而言，移动化是未来必须面对的问题及努力的方向。并且，就众筹这种集资模式来看，移动化或许可以促进众筹获得更大的发展。试想一下，投资者在上班的途中、午后歇息的间隙，随手打开众筹的移动客户端，发现有较好的项目，就可以“顺便”支持一下，这样的场景更符合未来互联网金融的构想。

垂直众筹平台的发展

众筹的不断发展可能会吸引互联网巨头的参与。业界人士认为，当互联网三大巨头“侵入”这一板块时，会形成一个综合性的众筹平台，而巨头本身拥有大量的用户基础，这样一来会对其他众筹平台形成一个强有力的冲击。在这种严峻的形势下，独立众筹平台将很难与之抗衡，留给它们的唯一一条路就是进行纵深化发展，即在某一领域里做专做精，建立起足够高的行业门槛。幸好，众筹可以涉及的行业非常多，比如艺术、影视、文化、科技、游戏、硬件等，并且这些领域的商业模式各不相同，所以独立众筹平台有足够的发展空间。

众筹平台更具服务化性质

尽管如今众筹发展得如火如荼，但不得不承认，众筹平台对于创业者提供的服务还不够深入。对于创业者来说，拿到启动资金只是创业开始时的一小部分内容，后续的创业指导、培训才是至关重要的，尤其是需要众筹的创业者大部分都是初次创业，市场刚需决定众筹平台绝对不能仅仅是一个众筹项目的展示平台，而必须是一个给创业者提供整合服务的一体化服务平台。因此，未来的众筹平台应该更具服务化性质，可以打造一个给创业者提供孵化作用的“创新工厂”，使之更能体现众筹的价值。

下篇

投资理财常识

第十五章

「　你不理财，财不理你　」

——学投资理财必知的理财常识

1．新手做理财，切勿跟风

随着经济的快速发展，各种各样的投资方式和理财产品也相继增多，比如投资黄金、投资外汇、购买基金等。相应地，人们对待财富的观念也随之变化，开始越来越重视投资理财。但是在经济转型的背景下，不同行业均出现了冷热不同的情况，使新手投资者的理财观念愈发混乱。那么，如何做到理财不跟风，选择一个适合自身的投资理财项目，让钱包鼓起来呢？这确实需要认真考虑。

不要盲目地跟风

大部分人都有“从众心理”，投资者也不例外。一些投资者往往只是一味地模仿大众的投资理财方式，自己从来不进行研究思考。这种跟风从众的行为会让投资者心里产生一种安全感，会认为热门的肯定就是最好的，既然大家都买了，那跟着买肯定也不会错。

但有时候，盲目地跟风未必就是正确的。投资都存在一定的风险，谁也不敢保证一定有收益。而且，别人的投资理财方式也未必真的适合自己，这就好比吃饭、穿衣，别人爱吃的饭菜不一定合自己的口味，别人的漂亮衣服自己穿上不一定就合身。所以，投资理财时如果没有主见，就很难找到一条“让钱生钱”的道路。

认清自己的经济状况

理财理财，理的是自己的财，所以在进行投资理财之前，我们需要对自己的经济状况有一个客观准确的认识。比如，自己每月的收入和开支是多少，自己有多少资金能用于理财，自己能承受的理财风险有多大，等等。接着，就要综合权衡自己的风险偏好和流动性需求，以确定适合自己预期的收益率水平、产品风险水平和投资期限的理财产品。

对于经济实力雄厚、抗风险能力较强、渴望追求高回报的投资者来说，可以选择一些风险较高的理财产品；对于经济实力一般、不想承担风险的投资者来说，可以选择一些风险低、较稳定的理财产品。只要选对了投资理财的渠道，自然会“细水长流”、财源不断。

全面了解理财产品

对于理财新手来说，自身的投资知识较为有限，往往会对身边的投资伙伴或者专业证券机构偏听偏信。当听说某个项目收益较好时，还没对其进行全面了解，就急于开始投资。这种“宁愿买错，也不错过”的心理是十分不明智、不可取的。投资者一定要对市场有一个清晰的认识，对准备投资的理财产品进行详细的考察，这样才能预判风险乃至降低风险。

现在市面上的理财产品大体上可以分为固定收益和浮动收益两大类，投资者不妨从以下几个方面来进行了解：第一，注意看理财产品是否具有保本或类似保本性质的条款；第二，了解产品的投资起点金额和预期收益率；第三，了解产品的投资类型和流动性安排；第四，在全面分析产品可能面临的各种风险之后，确定适合自己的产品。

然而，总有少数投资者不愿意花费工夫去了解理财产品，而偏爱投机取巧，热衷于打听所谓的“小道消息”。对于这些投资者来说，不妨先从小额的投资开始，试试水后，再决定要不要买进。谨记“宁可小赚也不大赔”，切忌冒险把资金全部投进去。时刻给自己留条后路，才是上上之策。

投资理财时需要把眼光放长远，这样获得收益的可能性才会越大。跟风是投资理财的大忌，若想赚钱，就必须有自己的判断，才能降低风险，抓住商机，做生财道路上的开拓者！

2. 制定合理目标，为理财增添动力

“凡事预则立，不预则废。”如果说树立正确的投资意识是踏上理财之路的第一步，那么规划合理的目标将会决定你能走多远。一个明确具体的理财目标不仅仅是追求财富的动力，更是建立安全健康财务体系的前提。

理财目标的具体内容

①着眼当下

理财目标首先要将目前现有的财产和资源做出合理的配置，为家庭正常生活提供必要的保障，使自己和家人能够安心健康地生活下去。只有安排好眼下的生活，才能更好地考虑将来的计划。

②未雨绸缪

对日后的人生规划要考虑周全，要对可能遇到的一些突发性状况做足准备，保证手上有足够的资金去应对。

③财务自由

通过理财计划最终建立一个终生的现金流渠道，足以保障自己和家人过上无忧无虑的生活，不用再为金钱而工作，这就是所谓的财务自由境界。

理财目标的基本特征

①差异性

当身患疾病时，人们追求健康；当身体无恙时，人们追求温饱；当衣足饭饱时，人们追求社会的尊重……所以，理财目标并不具备普适性，我们不可能去借鉴别人的理财目标，因为每个人对于财富的需求都不尽相同。我们要根据自己的经济状况和抗风险能力，制定一个符合自身处境的理财目标，然后像爬楼梯一样不断去实现、不断去提升。

②可量化性

理财目标一定要具体，具体到可以用金钱去量化的程度。比如，“我想拥有一套更舒适的房子”这样的想法就不够具体，可以将其制定为“我想买一套价值200万、带院子有泳池的别墅”，这样就明确很多。

③可行性

要综合考虑自己目前的固定财产、流动资金，未来的收入水平、消费水平等，在这些基础上制定一个可以达成的理财目标。比如一个刚参加工作的工薪族就希望在短期内购买一辆价值不菲的豪车，这样的目标就未免太虚泛了一些，显得没有意义。所以，制定理财目标时一定要脚踏实地，不能脱离实际。

④时效性

在制定理财目标时，一定要在前面加上一个准确的时间，并为其划定一个实现的最后期限。比如，“我想在三年内取得100万的收益”“我想每个月存500元作为自己以后旅行的费用”等，这些目标都具有很明确的时效性。

理财目标的确立过程

首先，准备一张纸，把你能想到的所有财富愿望全都记录下来。

其次，审视所有的愿望，将其中一些不太可能实现的、没有意义的愿望去除，然后将剩下的愿望转化为可量化的具体目标。

最后，将这些目标按其实现时间的长短分为短期目标、中期目标和长期目标。比如，可以把1年内能实现的目标划定为短期，把2～10年内能实现的目标划定为中期，把10年以上才能实现的目标划定为长期。通常来说，短期目标和中期目标是实现长期目标的基础，是要优先实现的。

制定出明确、具体有层次的目标，对于理财之路有非常重要的指导意义。有了目标，我们就可以按部就班地执行自己的财富计划，并在未来的某一天达到符合自己心理预期的美好人生。

3．改变固有观念，拓宽理财眼界与格局

思想观念是一种精神上的财富，它是追求物质财富的前提。很多时候，正是因为你个人的思想观念出现了偏差，才会导致你的钱包鼓不起来。所以，我们要改变固有的理财观念，敢于理财，以此摆脱头脑中贫穷的枷锁。

理财不仅仅是有钱人的事

对于大多数人来说，经济上的贫穷并不可怕，可怕的是思想上的贫穷。经济基础薄弱的人总是先入为主地把自己定义为“穷人”，认为“我没有财可理”“理财的事情距离我还很遥远”，给自己套上各种各样的思想枷锁。试问，出师未捷“心”先死，那财富的大厦还能盖起来吗？

其实，1000万有1000万的投资方法，1000元也有1000元的理财方式。只不过对于那些经济基础雄厚的人而言，他们理财的选择相对较多一点，并且能够承受理财失误所带来的财产损失；而对于收入较低的人群来说，他们可能更适合风险较低的理财项目，并且要更加严肃谨慎地去考虑，尽量避免理财失误。

所以，我们要明确这样一点：无论贫富都可以理财。与其坐在家里整日怨天尤人、抱怨命运的不公，不如多花点精力研究投资致富的道路，再小的雪球也会越滚越大。

心有多大，路有多宽

如今，市场上的理财产品数不胜数，只有开拓自己的眼界、多去了解，才能找到适于自己的理财产品。下面就简单介绍几种常见的理财类型：

①储蓄

储蓄，也叫存款，是银行通过信用形式，动员和吸收居民的节余货币资金的一种业务，深受普通居民家庭喜爱，也是人们最常使用的一种投资方式。与其他投资方式相比，储蓄因为受宪法保护、业务网点遍布全国，所以具有安全可靠、手续方便、形式灵活和继承性的特点。

②炒金

炒金就是投资黄金。黄金作为永恒的财富象征，一直是个人理财市场的热点，备受投资者们的关注和青睐。特别是近两年，国际黄金价格持续上涨。可以预见，随着国内黄金投资领域的逐步开放，未来黄金需求的增长潜力十分巨大。

③基金

基金主要包括信托投资基金、公积金、保险基金、退休基金，以及各种基金会的基金。截至 2012 年，基金已经明显超过存款，成为众多投资理财方式的重中之重。大部分投资者十分看好基金的收益稳定、风险较小等优势和特点，希望能够通过投资基金以获得理想的收益。

④炒股

股票作为股份公司为筹集资金而发行的一种有价证券，是证明投资者投资入股并据以获取股利收入的一种股权凭证。如今，股票已经走进千家万户，成为许多家庭投资理财的重要方式，一直保持着很高的热度。股票具有高收益、可转让、交易灵活、方便等特点，但同时也存在着较高风险，所以，投资者应保持谨慎的态度，看准时机再进行投资。

⑤国债

国债，又称国家公债，是国家以其信用为基础，按照债的一般原则，通过向社会筹集资金所形成的债权债务关系。国债是由国家发行的债券，是中央政府为筹集财政资金而发行的一种政府债券，是中央政府向投资者出具的，承诺在一定时期支付利息和到期偿还本金的债权债务凭证。由于国债的发行主体是国家，所以它具有最高的信用度，被公认为是最安全的投资工具。目前国债市场品种众多，广大投资者有很多选择。

⑥债券

债券是一种金融契约，是政府、金融机构、工商企业等直接向社会借债筹措资金时，向投资者发行，同时承诺按一定利率支付利息并按约定条件偿还本金的债权债务凭证。企业可转换债券、浮息债券、银行次级债券等都是很好的投资品种。

⑦外汇

外汇包括外国货币、外币存款、外币有价证券（政府公债、国库券、公司债券、股票等）、外币支付凭证（票据、银行存款凭证、邮政储蓄凭证等）。随着美元汇率的持续下降，越来越多的投资者通过个人外汇买卖获得了不菲的收益。各种外汇理财品种也相继推出，使外汇市场越来越火爆。

⑧保险

保险投资在家庭理财中也许不是最重要的，却是最必需的。保险是一把财务保护伞，它让家庭把风险交给保险公司，即使有意外，也能使家庭得以维持基本的生活质量。而收益类险种的品种较多，它们不仅具备保险最基本的保障功能，而且能够给投资者带来不菲的收益，所以是个人投资理财的热点。

⑨ P2P

P2P 是一种新生的民间借贷形式，利用互联网平台，对接借贷双方，能够服务到银行很难覆盖到的个人贷款范围。P2P 不仅有着收益和保障兼顾的特点，同时能帮助个人实现社会公益价值，使得理财模式的创新达到新高度。目前国内 P2P 理财平台众多，但 P2P 资产风险高，逾期率较高，投资者在选择平台时一定要擦亮眼睛，谨防上当被骗。

4．合理配置资产，让手中资产保值升值

一颗麦子，它面临着三种命运：一是作为种子播种在泥土里，来年长出新的麦粒，产生新的更大的价值；二是被磨成面粉，被人们吃掉，实现其自身的价值；三是由于保管不善而发霉变质，丧失自身价值。很显然，麦子的第一种命运是最好的结果。我们手里的资产就如同那颗麦子，为了让它保值，就要对其进行合理的配置。

那么，配置资产是什么呢？说得简单一点，就是把钱放在对的地方。我们可以用一个简单的“4321”型配置资产方法来进行说明：收入的 40% 用来供房和其他方面的投资，30% 用来应对家庭生活开支，20% 存在银行以备不时之需，10% 用来购买保险。这种配置资产的方式比较稳妥，适用于很多家庭。当然，我们也可以根据自己的实际情况来配置资产。

要配置资产的原因

①配置资产是理财的精髓

据研究报告称，在决定财产收益状况的若干因素中，资产配置所占比例高达 91.5%，所以我们实在有必要在配置资产方面多下点功夫。

②抓住致富机会

人的生命只有一次，时间不会重来。如果你在人生某个时期的资产

配置不合理，那么就很可能失去致富的机会。这样的机会总是一闪而过，没能抓住就只有后悔了。所以，配置资产的重要性不言而喻。

③提高资产效率

为了降低投资理财的风险，我们通常将资产分散投资在多个项目。然而，任何投资项目都有其成本，所以资产过于分散又有一个很大的弊端，那就是无形中提高了投资的成本。这样一来，钱生钱的速度就会大打折扣，也就是我们所说的资产效率低下。所以，合理地配置资产能帮助我们在资产的分散和集中之间找到平衡点，提高资产效率和收益。

配置资产的原则

对于绝大多数人来说，手里可供投资理财用的资产并不是很多，那种不假考虑地将资产孤注一掷的做法，很容易导致血本无归，所以合理配置资产就显得特别关键。我们要遵循配置资产的原则，把一分一毫都用在刀刃上，这样才能使资产得到稳定的成长。

①安全性

我们之所以进行投资理财，是为了让个人或家庭财务保持健康良好的状况，并且在保证日常生活所需的基础上争取获得更大的收益。因此，资产的安全性是进行投资理财的前提。无论投资何种产品，都要谨记“安全第一”的原则，避免为了追求高收益而置风险于不顾的资产配置方式。

②流动性

在配置资产时，既要保证现在又要兼顾未来。因为在日常生活中，我们一方面要操心衣食住行，另一方面也避免不了有病有灾。为了在出现紧急情况时保证有余力应对，要保留一定的现金或配置一定比例的容易变现的资产，教育、住房、养老要尽早规划，保险也是必不可少的家庭投资理财方式。

③艺术性

配置资产更像是一门理财的艺术，谨小慎微也不见得一定能做到最佳配置。举个例子，某人在2004年花20万买了一套住房，2006年卖掉房子买股票，2007年卖掉股票，2008年年底再买房或股票，如此一来，这位理财达人的资产至少能翻一番；若是反过来，2004年买股票，2006年卖掉股票买房，2007年年底卖房买股票，2008年年底再把股票卖掉，那估计他现在连吃饭的问题都难以解决了。

一个人在不同的生命周期和不同时期对财富会有不同的需求，所以我们在投资理财的时候，要把资产科学合理地配置到不同的理财渠道上，只有这样，不同时期的财富需求才会得到满足。

5. 不同人生阶段，建立不同理财规划

无论你是事业刚刚起步的奋斗青年，还是颐养天年的退休老人，都要加强自己的财务规划管理。而针对所处的不同人生阶段，相应地也有不同的理财策略，以适应人生不同阶段的收入水平、消费水平、抗风险能力、投资偏好以及家庭财务情况。真正成功的理财规划要满足不同时期的需求，这也是获得幸福美好人生的前提。

学生时代的理财规划

在未走出校园之前，大部分学生都没有收入，经济方面主要靠家里资助，所以并不具备养活自己的能力。然而，现在很多大学生在日常消费上没有节制，肆意挥霍。所以，对于他们来说，正确的理财观念就是“不乱花钱”，养成节俭的理财习惯。

理财规划建议：在这一时期，学生应该以学业为重，可以适当地了解一些理财知识。

事业起步时期的理财规划

离开学校，踏入社会，每个人都有一股“初生牛犊不怕虎”的冲劲儿，表现为朝气蓬勃、充满活力，且文化水平较高，对新生事物有较强的适应能力。作为年轻人，这一时期的优势是没有沉重的家庭负担，主要的理财任务是为以后准备较多的流动资金。同时，这也是人生第一笔资金的积累时期，所以要考虑每月定期储蓄一笔存款。

此外，可以再拿出其中一部分资金投资高风险、高收益的理财产品，并在这个过程中不断提升自己的判断力，获取理财的经验。但是，也会有部分年轻人过分高估自己的能力，喜欢冒险投资，甚至还存有“不成功便成仁，输了大不了从头再来，反正我还年轻”的错误想法。所以，年轻人要及早端正自己的理财态度，万万不可过度投机。要明白，丰富的经验和雄厚的知识，才是理财成功的基础。

理财规划建议：可将积蓄的50%投资于风险大、长期回报的股票、基金等金融品种；20%选择定期储蓄；20%投资于债券和保险；10%存为活期储蓄，以备不时之需。

新婚时期的理财规划

婚姻是人一生的大事，它意味着一个人要从潇洒度日的单身生活进入相濡以沫的二人世界。同时，新婚时期的支出也会较以前大幅上升，这时可能要花钱买车、买房、装修、度蜜月……所以这是一个较为忙碌且充实的阶段。

结婚之后，两人的经济收入会稳步增加，生活逐渐稳定下来，并且有一定的风险承受能力，这时候的理财内容主要是安排家庭建设和合理控制消费。另外，人们的理财观念也会在此时初步形成，会比以往更加注重投资收益，所以适合选择一些收益稳定的理财产品。如有余钱可以适当投资股票或成长型基金，并搭配安全性较高的债券和保险（缴费少的定期险、意外保险和健康险）。

理财规划建议：可将积累资金的50%投资于股票或成长型基金，但要注意控制风险；35%投资于保险和债券；15%留作活期储蓄。

为人父母后的理财规划

体会了有孩子的喜悦之后，会发觉身上的经济负担越来越重。因为在当今社会，把一个孩子养大成人可不是一件容易的事，除了要为孩子操碎了心，还需要付出很高的抚养费用和教育费用。

这个时期家庭的经济和生活都已经趋于稳定，对未来生活的安排和人生目标也有较为清醒的认识。平日最大的开支就是子女的教育费和保健医疗费，所以理财投资宜采取组合方式。同时，随着孩子年龄的增长、自理能力的日渐增强，年轻的父母又精力充沛，时间相对充裕，在投资方面可进行风险投资。此外，人到中年，身体机能明显下降，在保险方面，可选择养老保险或重大疾病险等。

理财规划建议：可将资本的30%投资于房产，以获得长期稳定的回报；30%投资于股票、外汇或期货，但要注意严格控制风险；30%投资于银行定期存款及保险；10%为活期储蓄，以备家庭急用。

中老年时期的理财规划

中老年时期，人们的收入水平达到人生最高峰，消费支出大幅减少。这时，子女已经有独立能力，家庭负担减轻，而且自己的理财能力、投资经验、经济状况都达到更高的水平，可以将大部分闲钱存起来，买国债或者买开放式基金，追求风险较低的投资收益。此时已经步入人生的中后期，所以不适合投资风险较高的理财产品，否则一不留神就会断送自己积攒了一辈子的财富。尤其是退休以后，要合理地安排晚年医疗、保健、锻炼、旅游等各项开支，投资和花费要更加保守，同时要注重养老保险的投资。

理财规划建议：将可投资产的40%用于定期储蓄、债券及保险；40%用于活期储蓄；20%用于股票或同类基金。

6．科学跑赢CPI，别让你的钱缩水

负利率，指的是存款利率（常指一年期定期存款的利率）小于同期CPI的上涨幅度，导致银行存款利率实际为负。在这种经济情况下，如果只把钱存在银行里，会发现财富不但没有增加，反而随着物价的上涨而缩水。

也许，你会惊讶于“我的钱放在银行竟然会缩水”！没错，在负利率时代，利息收入远远抵不上通货膨胀对它的“侵蚀”。那么，我们应该如何通过科学有效的理财手段来跑赢CPI呢？

钱该不该放在银行

据银率网数据库统计，2015年10月降息之后，招商银行同五大国有商业银行一年期存款利率保持一致为1.75%外，其他9家上市的股份制银行统一上浮33.33%，一年期定期利率达到2.00%。而据国家统计局数据显示，4月CPI已经达到2.3%。

如此一来，按五大国有银行和招商银行一年期存款利率1.75%计算，10万元存款到期本息合计为101750元，根据现金价值，以2.3%的通胀率对到期本息101750元进行折现，一年后到期实际上净亏537.63元。而按其他9家上市的股份制银行一年期存款利率2.00%计算，到期实际上净亏293.26元。

即使事实如此，但对于绝大多数人来说，最习惯的理财方式还是把工资放在存折里。而在负利率时代，只要一想到把钱存在银行就会心慌不已。那么，钱究竟还要不要放在银行？

其实，"负利率"是有偶然性的，短期内的负利率可能是各种原因综合造成的，并不能代表长久的规律。而一旦负利率成为常态，央行肯定会考虑加息。所以，对于不想折腾的人来说，把钱存银行也不是不可考虑的。

避免持有大量现金

在负利率时代，跑赢 CPI 最直接的方法就是多投资。将手里的现金转化为保值增值的投资，能让财富跟着物价一起涨，避免资产的缩水。

此外，个人理财计划也要随着负利率的出现而进行调整，要保证收入和财富的最大化。可以选择的投资对象包括股票、基金、债券、期货、外汇、黄金、房地产、储蓄等多种产品。而且，最好选择分散投资，降低单个产品出现问题的风险。另外，还要注重投资收入的成长性，不要妄图"一步登天"，稳步成长的收益才是最重要的。

适当提升黄金投资比例

黄金作为"硬通货"，在负利率时代一直受到人们的追捧，投资需求不断高涨。

从市场大体情况来看，黄金市场与股票、基金市场明显不同。近年来，黄金市场虽然也经历了难熬的"熊市"，却明显具备稳、平、波动规律性的优势特点，最大波动幅度较其他投资方式要小很多。

2017 年，由于朝鲜局势再度升温，美联储议息会议以及非农数据的影响，近来黄金表现不佳，市场避险情绪降温使得黄金走势萎靡，因此，投资黄金需谨慎操作。

懒人理财的手段

对于不想眼睁睁地看着钱在银行里缩水，可是又不想花费精力研究投资理财的人来说，不妨可以试试基金定投。基金定投是投资者在每月固定的时间以固定的金额投资到指定的开放式基金中，类似于银行的零存整取。对于抗风险能力较高的投资者来说，也可以考虑指数型基金，这类基金的特点是涨幅跟随指数的变化，往往可以获得较高的收益。

时刻关注市场风向

身处信息时代，要注意提升自己对信息的敏感度。应时刻关注市场风向，多看看财经杂志，了解利率、汇率、股指这些信息的变化，就如同看天气预报一样。第一手的信息总是会带来丰富的投资机会，帮助我们在短时间内做出投资决策。

7. 初窥门径，新手理财少走弯路的途径

投资理财是一门复杂的学问，是技巧、技能、心态、人性等的综合博弈过程。新手在面对五花八门的理财产品时，常常会犹豫不决、不知所措，这时，向身边同样热衷于投资的朋友虚心请教是再好不过了。他们的经验见解或许会让你在理财初期少走弯路。

那么，作为初窥门径的“菜鸟”，在投资理财时到底要注意些什么呢?

培养好的理财习惯

习惯的力量是巨大的，生活中我们总是被各种各样的习惯左右着：守时是一种习惯，抽烟是一种习惯，诚实是一种习惯，礼貌是一种习惯……习惯能决定一个人的命运，投资理财也是如此。要想早日达到财务自由的境界，就必须摒弃理财恶习，养成良好的理财习惯。

①平时要节俭

许多身家亿万的富豪，他们在成功后依然保持着克勤克俭的习惯。

这些大富豪尚且如此，那我们又有什么理由不去节俭呢？然而，总是有很多人抱怨钱节省不下来，没怎么花就没了，这还是因为不够注意生活的细节。比如，平时少抽一包烟，不赶时间就少打一次车，能在家里吃尽量少下馆子等。“不积小流无以成江海”，不要忽视这些小钱的力量，积少成多，小钱就会成为大钱。

②支出要有记录

记账是一个非常好的理财习惯，可以对自己的支出情况有一个明确直观的认识，明白钱是怎么挣来的，又是怎么花出去的。了解了这些，我们对以后的支出分配就会更加心里有数了。

但是，记账说起来容易，做起来却不简单。面对零零碎碎的日常开支，刚开始也许会耐心地记录下来，但过了一段时间，就会感觉太麻烦、没有必要，还容易遗忘。但是，只要你坚持不懈地把它们记录下来，相信这个习惯迟早会让你在理财之路上有所明悟。

③收入要有储备

很多人一拿到工资后，就会按捺不住激动的心情，扬扬得意地计划着怎么去消费，却把存钱计划放到后面。结果花来花去，发现厚厚的工资很快便不剩多少了，更别说存了。所以，这种“先花后存”的观念是十分不可取的。

尽管物价上涨导致日常开支越来越大，但我们仍要将收入的20%左右存下来，剩下的钱再用来消费。这样坚持几年，就能过上经济相对宽松的生活了。

做好家庭理财

做好家庭理财意味着要通过精心的计划来保证钱得到合理的使用。合理的预算会让我们知道哪些花销是不必要的，从而让每个家庭成员的劳动成果实现其真正的价值。

无论是柴米油盐酱醋茶，还是旅游聚会买房买车，都要在消费前进行计划和预算，这样能有效地帮助我们实现理性消费。比如，很多人去超市购物时，本来只是想买一件东西，结果走出超市却发现自己买了一大堆东西。所以，建议在每次购物前先列出一张购物清单，把想买的东西、预计的花费都写上去，从而有计划、有目的地进行购物，绝不冲动消费，这样就能少花很多不必要的钱。

理财需要坚持

理财不是三天打鱼，两天晒网，而是一场马拉松长跑，是一项伴随我们一辈子的长期工作。因为对于大多数理财产品而言，都需要时间来做保障，所以理财最需要毅力。只要我们坚持下去，再加上正确的心态和理性的选择，就能获得效益。

既然理财是一场持久战，那我们就应该明白，“一夜暴富”是不现实的。理财之所以不同于赌博、彩票，是因为它极具理性，而不是靠投机取胜。理财如细水长流，坚持的时间越长，获得的收益就越多。

第十六章

「跳出投资理财的陷阱」

——学投资理财必知的风险常识

1. 从风险学解读风险

在生活中，我们经常会听到或是用到“风险”一词，却很少有人知道“风险”一词的来源。关于“风险”的由来，最普遍的一个说法是，古时候靠出海捕鱼为生的渔民们每次出海之前都会祈祷风平浪静，因为没有风浪，他们才会足够安全。在长期的捕捞实践中，广大渔民深刻地体会到“风”会给他们带来无法预测的危险。他们认识到，在出海捕捞打鱼的生活中，“风”即意味着“险”，因此有了“风险”一词。

如今我们常说的“风险”，通俗地说，就是指一个事件产生我们所不希望的后果的可能性。其实，它还有广义和狭义之说：广义上讲，只要某一事件的发生存在着两种或两种以上的可能性，那么就认为该事件存在着风险；狭义上讲，也就是我们经常指代的损失的不确定性。

风险的构成要素

通常所说的风险，是由风险因素、风险事故和损失三者构成的。

风险因素，可以分为有形风险因素和无形风险因素两类。有形风险因素是指某一标的本身所具有的足以引起风险事故发生的因素。例如，建筑材料的质量、建筑结构的稳定性是建筑物的风险因素；人的健康水平，是人的风险因素。无形风险因素是指与人的心理或行为有关的风险因素，通常包括心理风险因素和道德风险因素。例如，个人投保财产保险后产生了放松对财务安全管理的思想，或者由于人们不诚实、不正直而致使风险事故发生。

风险事故，是指造成损失的直接原因。例如，寒冷的冬天里下起了冰雹，而冰雹直接砸伤路人，它就是一个风险事故。

损失，在风险管理中，人们对它的定义是指非故意的、非预期的、非计划的经济价值的减少。通常人们把损失分为直接损失和间接损失两种。直接损失是指风险事故导致的财产本身损失和人身伤害；间接损失则是指由直接损失引起的其他损失，包括额外费用损失、收入损失等。

风险的特征

①客观性

客观性指的是，风险是客观存在的，是不以人的意志为转移的。通常人们只能在一定的范围内改变风险形成和发展的条件，降低风险事故发生的概率，减少损失程度，而不能彻底消除风险。

②不确定性

所谓的不确定性，是指风险是一种随机现象。例如，火灾是客观存在的风险事故，是不可预知的，但是必须指出的是，火灾是可以通过提高警惕来加以防范的。

③普遍性

风险在人们的生产生活中无处不在、无时不有，并威胁着人类的生命和财产安全，且随着时代和社会的不断进步，风险的类别在不断更新。

④损失性

风险发生后一定会给人们带来某些损失，然而对于损失的发生人们却无法预料或确定。人们只能在了解和认识风险的前提下，去防范和减少风险所带来的损失。

2．有些理财风险可以从自身规避

随着经济社会的发展和时代的进步，人们愈发认识到投资理财的必要性和重要性。正确地进行投资理财，有助于实现资产增值、财富增加，能够提高人们的生活质量，增加生活的乐趣。然而，不得不说，投资理财本身是具有一定风险的活动。除了理财产品本身的市场风险，还有落入个人投资理财陷阱的风险，而无论哪一种风险，都会给投资者带来巨大的损失。那么，投资理财到底有什么陷阱？我们又该如何来防范呢？

投资理财的陷

①阱缺乏风险意识，一味追求高收益

在不少投资者的眼中，投资理财似乎是天然自带收益的活动，他们误以为，只要投资理财，无论如何都能获得收益，且收益越高越好。然而，投资理财是一种收益与风险并存的活动，投资者必须对投资理财过程中可能面临的各种潜在风险有着清晰的认知，并理解与接受，一旦购买了某项投资产品，就应该遵守“买者自负”的游戏规则，就要为自己的投资行为负责，承担相应的投资风险。因此，想要获得相应的收益，事先一定要对自己的风险承受能力进行评估，不能一味追求高收益。

②缺乏理性投资意识，不量力而行

在股市处于繁荣的时候，一些投资者将自身大部分资产甚至是所有资产投入某一只“形势大好”的股票，结果遇到意外，亏了不少钱。这就是典型的缺乏理性投资意识的例子。笔者认为，参与投资理财，首先，要保证自己正常的生活开支，任何时候都要预留一部分应急资金。如果近期没有用钱的需要，可以进行期限较长的投资；反之，则应考虑周期性短、流动性强的投资理财产品。其次，投资理财的目标一定要符合实际，具有可行性，不可孤注一掷，不可好高骛远。

③缺乏金融知识，盲目选择金融机构及理财产品

当前国内金融市场上的投资理财产品越来越多，如银行理财产品、信托产品、基金、保险、证券以及第三方财富管理机构和新兴互联网金融公司的理财产品等。面对如此众多的投资理财产品，投资者切不可盲目随意，一定要考虑发行该理财产品机构的资质、规模、信誉、管理水平和过往业绩等，而对于金融知识匮乏的投资者，建议优先选择规模大、实力强、信誉好、管理相对规范的正规金融机构。

有效防范投资理财的陷阱

①提高警惕，谨防金融诈骗

正规的金融机构和金融产品都会在投资者购买时进行一系列正规的手续。以购买银行理财产品为例，投资者应在银行柜台签署正式的理财协议，由银行工作人员办理相关手续。因此，投资者应提高警惕，谨防金融诈骗行为。另外，不管是银行自身发行的理财产品还是正式代理销售的基金、保险、信托等第三方金融产品，都可以通过该银行的官方网站和客服电话进行查询核实。

②树立风险意识

不少投资者有一个错误的认识：投资理财“稳赚不赔”，有投资，就会有收益。这是缺乏风险意识的表现，任何投资活动都具有一定的风险，都是风险与收益并存的，倘若只关注收益而忽略了风险，则很可能会发生惨况。因此，培养和树立风险意识，是每个投资者在投资理财活动进行之前所应接受的教育。

③清楚地了解投资项目存在的风险

一般来说，在投资一个项目之前，投资者应该清楚地意识到投资有风险，因此要尽自己最大的努力去咨询、考察投资项目可能存在的风险。投资风险，通常分为外部市场因素引发和内部因素引发两部分，外部市

场因素主要受国家政策导向及市场行情变化的影响，而内部因素则主要受投资人所处环境、心态的影响。比如，不少投资者容易盲目跟风、随波逐流，在身边其他投资者的影响下，容易改变投资决定或者可能在情绪波动较大的时候做出错误的投资决策等。

所以，投资者在投资一个项目时最好能够站在第三方的角度，清醒地、客观地分析可能存在的投资风险，了解国家最新的政策，了解和预估市场行情，并且在自己认为的比较理想的状态下做出决策。

④预判投资回报与投资风险的匹配度

大部分投资者对于回报与风险的认识是“高回报、高风险”，也就是说，他们认为投资回报与投资风险是成正比的。这样的理解不算错误，但又不够正确全面。在这里，笔者想提醒各位投资者的是，“高回报有高风险”是成立的，但那是在最理想的情况下。而一般情况是，投资回报与投资风险是不成正比的，也正是因为有这种比例差距，不同投资者所获得的收益才会有差距。那么，该如何判断投资回报与投资风险是否成正比呢？这里给出一个仅供参考的方法：先预估整个投资项目的最大风险，然后粗略计算投资回报的最大值和最小值。如果你认为只获得投资回报的最小值却可以承受最大的风险，那么对于你而言这个项目就值得投资，因为其投资回报和投资风险是匹配的。

无论在哪个时期，这样的投资准则都适用，唯一需要注意的是分散的程度要与自身的精力相匹配，否则也是容易出现问题的。

投资意味着风险，因此，对于投资者而言，最好能保持一种理性开放的态度，享受投资回报带来的乐趣，享受投资活动本身的乐趣，然后勇于承受一定的投资风险，这才是投资理财本该具备的模样和意义。

3．股市的风险

对于“股市风险”这个词，想必只要涉足过股市的投资者都听说过，并且不少投资者应该会对那句耳熟能详的警告词“股市有风险，入市需谨慎”深有体会。所谓股市风险，人们对它的理解是，买入股票后在预定的时间内不能以高于买入价将股票卖出，导致发生账面损失；或以低于买入价卖出股票，造成实际损失。

与金融风险不同，股市风险分为系统性风险、非系统性风险以及交易过程风险三大类。

系统性风险

系统性风险又称不可分散风险，是指由于政治、经济及社会环境等宏观因素导致股市所有股票下跌，从而给投资者造成的经济损失。这类风险是无法通过投资组合来规避和化解的，具体可以分为政策风险、利率风险、购买力风险和市场风险。

政策风险指的是国家的经济政策和管理措施可能会造成股票收益的损失，例如，国家财税政策的变化可以影响到企业的利润，进而影响该企业的股价。利率风险指的是股票的交易价格受市场利率水平的影响，当利率向上调整时，股票的相对投资价值将会下降，从而导致整个股价下滑。购买力风险也称通货膨胀风险，一般认为，轻微的通胀会促进需求的增加，从而带动股市的活跃，而过度的通胀则会导致货币购买力下降，也就是投资的实际收益下降，可能给投资人带来损失。市场风险是指由于股价的上涨或下跌所直接引起的风险，是最为普遍的风险。

非系统性风险

一般是指由于某些特定原因对某一只股或某一类股票发生影响，从而导致股价下跌而给投资者带来损失。一般来说，上市公司的经营管理、财务状况、市场销售、重大投资等因素的变化都会对公司的股价产生影响。非系统性风险分为经营风险、财务风险、信用风险、道德风险四类。

经营风险指的是上市公司的经营、生产和投资活动的变化导致公司的盈利出现变动，从而造成投资者收益减少或本金损失的可能性。财务风险指的是企业因资金筹措管理出现问题而导致的风险，企业的财务风险主要表现为：无力偿还到期的债务、利率变动风险、再筹资风险。信用风险指的是由于公司财务状况不好，不能按时向股票持有人支付本息而给投资者造成损失的可能性。道德风险指的是上市公司管理者由于存在某些道德问题而给公司股东带来损失的可能性。

交易过程风险

交易过程风险可分为交易行为风险和交易系统风险。交易行为风险指的是由于券商违规、投资者交易行为不当等原因而导致的风险。例如，投资者错过配股缴款、忘记行权甚至选择了非法的交易网点和交易方式等而导致的不必要的损失。交易系统风险指的是委托交易方式下所依托的系统存在的风险。如今为了方便投资者进行交易，证券公司往往都会提供多种交易方式供客户使用，例如网上交易、电话委托交易、营业网点现场柜台自助交易、手机交易等，然而这些委托交易方式有时也存在一定的风险，例如由于交易人数过多，存在交易系统繁忙、速度慢需要等待而延误交易的风险等。

4. 稳健基金也有投资误区

基金的含义有广义和狭义之分，广义的基金是指为了某种目的而设立的具有一定数量的资金，我们这里所说的是狭义的基金，也就是指证券投资基金。

根据不同标准，可以将证券投资基金划分为不同类型。例如，根据基金单位是否可增加或赎回，可分为开放式基金和封闭式基金；根据组织形态的不同，可分为公司型基金和契约型基金；根据投资风险与收益的不同，可分为成长型基金、收入型基金和平衡型基金；根据投资对象的不同，可分为股票基金、债券基金、货币市场基金、期货基金等。

投资基金的风险

众所周知，任何投资都存在风险。同样，投资基金也不例外。基金的风险大致可以分为四类。

①流动性风险

所谓流动性风险，是指投资者在需要售出所投资的对象时可能面临的变现困难和不能在合适的价格上变现的风险。

②基金投资风险

这种风险包括债券和股票的投资风险。基金的投资目标不同，其投资风险也不同。投资者可根据自己的风险承受能力，选择适合自己财务状况和与投资目标相符的基金品种进行投资。

③申购、赎回价格未知的风险

由于我国采用未知价法，投资者无法知道申购或赎回当日的基金份额净值、是否该成交的价格，这种风险就是基金的申购、赎回价格未知风险。

④机构运作风险

这类风险可分为三类：

第一，系统运作风险。指各基金运作当事人的运行系统发生故障而给投资者带来的风险。

第二，管理风险。指基金运作当事人的管理水平给投资者带来的风险。

第三，经营风险。是指各基金运作当事人因不能履行义务而给投资者带来的风险。

投资基金要避免的误区

随着投资者风险意识的提高以及基金规模的大幅增长，越来越多的投资者热衷于投资基金。有些投资者认为，基金是通过专业人员管理的，在投资组合中巧妙利用了风险分散的原则。然而，尽管如此，基金投资也有一些误区。

①必须长期持有基金

所谓“聚沙成塔”，所以不少投资者认为长期闲置的资金可以投资开放式基金并长期持有，这样可以享受复利效应。其实，如今基金规模越来越大，市面上的基金很多，业绩良莠不齐在所难免，即使是近期业绩不错的基金也可能因为种种因素导致业绩下滑。因此，投资基金也不能不闻不问，同样也需要定期检查业绩表现。

②过分注重短期业绩

有些投资者在选购基金时，只关注短期业绩。其实，对于基金而言，很少有长时间一直排名靠前的。每一年的冠军基金，最多只有半年左右的时间业绩很突出，其他时间业绩一般。因此，只注重短期业绩并不具备很强的参考性。

③基金投资越分散越好

为了分散投资，有些投资者会选择持有多只基金。然而，基金并不是配置得越多就越好。购买基金数量过多，持仓过度分散，除了能分散风险之外，往往还分散了盈利。

④多位基金经理共同管理的基金稳定性佳

在投资者的眼里，多位基金经理共同管理的基金稳定性更佳，更能获取高收益。其实，一位基金经理和多位基金经理基本没有区别。比方说，在三位经理的组合中，其中一个人的作用可能要占到50%；而在双经理的组合中，一个人的作用可能要占到80%。所以，基金的稳定性与基金经理的多少没有必然的联系。

5．理财型保险，保障与投资并进

保险，是指用以规避或减少风险的一种保障机制。通常来说，投保人根据合同约定，向保险人支付保险费，而保险人对于合同约定的可能发生的事故所造成的财产损失履行一定的赔偿责任。而理财型保险，是国内近些年推出的新险种，其特点是兼具保险保障与投资理财双重功能。

理财型保险分类

目前市场上的理财型保险主要有三种类型，分别是分红险型、投资连结险型和万能险型。

分红型保险是指保险公司将其实际经营成果优于定价假设的盈余，按一定比例向保单持有人进行分配的人寿保险新产品。也就是说，保单持有人每年都有权获得建立在保险公司经营成果基础上的红利分配。分红险的主要功能依然是保险，红利分配是分红保险的附属功能。保单持有人可能获得的红利收益具有不确定性，与保险公司的实际经营成果挂钩，但经营较差时也可能没有红利分配。

投资连结保险，简称“投连险”，是一种保险保障与投资储蓄相结合的保险形式，保单在提供保险时，任何时刻的价值是根据其投资基金在当时的投资表现来决定的。投连险有一定的保障功能，保单持有人可以选择一定项目来进行保障；除提供风险保障外，还具有投资功能。投连险的投资部分的回报率是不固定的，未来投资收益具有一定的不确定性，保单价值将根据保险公司的实际投资收益情况确定。

万能险，是指可以任意支付保险费以及任意调整死亡保险金给付金额的人寿保险，曾有人称之为“抵御利率波动的利器”。它能在兼顾投资收益及相关保障的同时，充当“风险准备金”的存储方式，而所谓的“万能”，则表现在交费灵活、保额可调整、保单价值领取方便等方面。

可以兼顾理财与风险保障

保险的基本出发点在于风险保障，但由于近些年银行利率低，股市大盘震荡，不少投资者会倾向于购买理财型保险，在兼顾风险保障的同时，获得比一般理财产品更高的收益。需要指出的是，理财型保险虽有一定的风险保障功能，但其更多地倾向于理财功能，且其收益也受到保险公司本身的经营成果影响，具有一定的风险。

因此，投资者如果计划买保险，一定要明确自身的需求是什么？是保障，还是理财？还是两者均需要？应保持理性，提高风险意识，不可盲目地跟风或随波逐流。

理财型保险的功能更侧重于长期投资获利，如果可以做到控制其投资比例，与其他的投资品种相协调，把它当成投资组合的一部分来管理，也不失为一种投资的选择。

6. 稳中求胜，先知风险再买债券

所谓债券，是一种有价证券，是政府、金融机构、工商企业等主体因需要筹措资金，而向社会投资者公开发行，同时承诺按一定利率支付利息并按约定条件偿还本金的债权债务凭证。通俗来说，就是债务人给债权人打的欠条，双方约定在某到期时间由债务人支付本金和利息。

投资债券的风险

任何投资都是风险与收益并存，债券投资也不例外。大致而言，债券投资风险可以分为三大类，分别是信用风险、利率风险及流动性风险。

信用风险，指的是债券的发行人由于现金流紧张、财务危机等问题导致的不能按期还本付息的风险。一般来说，可根据其信用评级等级来评价信用风险的大小，而我国的债券在发行时也会获得由国内评级机构给予的评级。一般来说，债券评级越高，则违约风险越小。

利率风险，指的是市场利率的变化而导致的债券价格的波动。当债券上市之后，就可以像股票一样进行交易。此时，投资者可以根据发行人的偿债能力、未来利率水平等因素来预测该债券的未来价格走向，通过价差来获取收益。

流动性风险，指的是债券持有人打算出售债券获取现金时，其所持有债券不能按目前合理的市场价格在短期内出售而形成的风险，又称为变现能力风险。一般来说，流动性较强的债券有政府债券以及一些著名的大公司的债券。

规避债券风险的方法

对于初学投资的朋友而言，学习一些关于债券的基础知识及风险规避技巧，有助于在投资的过程中减少风险和损失。

关于信用风险，投资者可以考虑的投资策略是：在选择债券时，尽量仔细了解和把握公司的情况，包括公司的经营状况和公司的以往债券支付情况，避免投资经营状况不佳或信誉不好的公司债券；而在持有债券期间，应尽可能对公司经营状况进行了解，以便及时做出卖出债券的抉择。

关于利率风险，投资者需要遵循一个原则，那就是“不要把所有的鸡蛋放在同一个篮子里”。应采取的防范措施是分散债券的期限，长短期配合：如果利率上升，短期投资可以迅速找到高收益的投资机会；若利率下降，长期债券却能保持高收益。

关于流动性风险，针对这类风险的特征，投资者在入市的时候，应尽量选择交易活跃的债券，如国债等，便于得到其他人的认同，冷门债券最好不要购买。在投资债券之前也应考虑清楚，应准备一定的现金以备不时之需，毕竟债券的中途转让不会给持有债券人带来好的回报。

对于债券风险，有些分类中还包括经营风险、购买力风险和再投资风险等，限于篇幅，这里不再一一赘述。需要提醒广大投资者的一点是，投资前需要尽可能学习和掌握更多的金融知识，提高自身的风险意识和抵御风险的能力，如此方能在市场上获得更多的乐趣及更大的收益。

7. 天使投资，高收益必然伴随高风险

所谓天使投资，是风险投资的一种，是风险投资机构或自由投资者对原创项目或小型初创企业进行的一种前期投资。通常来说，这类风险投资机构是非正式的，而这种投资形式也是非组织化的。

但与高风险并存的，则可能是高收益。经典的案例如，1993 年以来，

硅谷电脑系统公司创始人康威先生进行了30多次天使投资，金额为5万～15万美元，最快的收益在60天内翻了4倍；1993年，金柏林向西埃纳公司投资160万美元，1997年西埃纳上市后，收益1.5亿美元。

天使投资的特点

风险投资中，投资者不仅对企业投入资金，而且还会对企业投入管理，一般投资金额较大，而且会随着风险企业的发展逐步注入资金，是一种较为正规、专业和系统化的大型商业行为，对风险企业的审查较为严格。而天使投资则有更多自身的特点。

第一，天使投资者一般是较富有的家庭和个人，他们通常只对规模较小的项目进行资金规模较小的投资。

第二，天使投资是一种直接投资方式，由投资者直接向企业进行权益投资，是企业初创阶段的主要融资方式。

第三，天使投资一般是规模较小的个人投资行为，因此对被投资项目的考察和判断程序比较简单，有更强的时效性。

第四，天使投资者的投资行为往往不只是为创业者提供资金，还包括利用自身的资源和背景为创业者提供条件，帮助他们获得成功，这也是保障其投资的最好方法。

天使投资在国内的瓶颈

目前，国内的民间资本数额庞大，仅居民储蓄存款一项就超过了1万亿元。由此可见，我国存在大量潜在的天使投资人。然而，现在国内的现状是，天使投资领域发展较慢，民间资本进入天使投资领域的较少。那么是什么原因导致天使投资在国内的状况不佳呢？以下两点值得思考。

一是天使投资法律法规的缺位及其推出渠道的缺乏。目前，中国现有的证券市场效率有限，不能为天使资本退出提供有效的渠道。尽管

2010年3月1日开始施行《创业投资企业管理暂行办法》，但它并没有把个体投资者和非专业投资机构包括在内，而这些主体是天使投资人的主要来源。所以，有关天使投资的立法仍然处于空白。

二是国内信用机制不够完善。在中国，企业不守信用的事件时有发生。如一些创业者在获得资金后不合理使用，或是存在隐瞒收入情况，不给天使投资者分红，这些不诚信事件在一定程度上会降低天使投资人的投资积极性。

8. 科学绕开互联网理财的陷阱

相较于传统理财方式，新兴的互联网理财具有方便、快捷、门槛较低、收益较高等优势，越来越受到人们的青睐。然而，互联网理财也有一些陷阱，投资者应多加认识，提高辨别能力，抵御风险，以减少不必要的损失。

“保本”且“高收益”

如今，不少互联网理财产品为了吸引投资者的眼球，打着“保本”且“高收益”的旗号，有些甚至年化利率高于15%。乍一看，确实相当吸引人。然而，投资者必须明白的一点是，所谓的绝对“保本”几乎是不可能的，就算是传统的银行储蓄，也有可能面临风险。特别是P2P理财中，P2P网贷平台充当着中介的角色，连接贷款人与借款人，并向借款方收取佣金，贷款人需要承担借款方到期不能兑付的风险。因此，投资互联网理财产品，必须提高警惕，对一些含糊其词的字眼儿要多留心，提高风险意识。

“随时转让债权、灵活变现”

有些互联网理财产品夸大其流动性，打着“随时转让债权、灵活变现”的旗号，用以打消投资者关于流动性的担忧，这也是互联网理财中一个常见的陷阱。然而，资金的流动就如同一场接力赛，转让理财产品就如同传递赛跑的接力棒，一定要有接棒的人，资金的流转才能继续进行。挂盘转让没有人接手就只能持有到期，等于拿了最后一棒并要一直跑到终点，然后每天提心吊胆地祈求到期拿回本金和期待中的高收益，可坏账的事故时有发生，也许有一天就会落到自己头上。

“第三方担保”

一些 P2P 网贷公司为了吸引投资者，宣传时会强调其安全性，比如说该产品有“第三方公司担保”，而且往往这个“第三方”的名气相当响亮，可以为理财产品提高不少可信度。但实际上，一旦出现资金链断裂的情况，这个“第三方”可以为投资者的资金负担多少，投资者并不知道，如果发生坏账，问题往往很难解决。越是主打“高收益”的平台，越会说有“第三方担保”以让人相信，但内情可能是，第三方是否全额担保不知道，是否有能力全额担保更不知道。

“周期短、收益率高”

投资者经常可以看到某些互联网理财产品收益率异常高，例如 30 天短期产品收益率比同类型的理财产品高出很多，以吸引用户购买，但仔细一看，募集期为 5 天，到期后要 5 ~ 7 个工作日到账，还要扣掉法定假日和非工作日，这些日子是不计息的，实际上，30 天的年化收益有可能被摊到 40 多天。

有些理财产品会特别强调“预期年化收益率”和“七日年化收益率”。很多人只看到高收益，却根本不知道这叫“预期年化收益率”，而这个收益率在实际中是会变的。以基金来说，则是“七日年化收益率”，这个“率”有的时候也很高，但是我们看到的数字是过去 7 天的年化收益，是已经发生的，未来怎样不可知。投资者对这些收益率概念不了解，投资时容易被高额的年化收益吸引。不错，高收益是很诱人，可实际上投资者拿到手的收益真的有那么高吗？那可说不定。

第十七章

「　钱生钱不是梦　」

——学投资理财必知的理财产品常识

1．利用储蓄，稳中生利

作为一种较为传统、普遍的理财方式，储蓄早已根深蒂固于人们的思想观念中。所谓储蓄，就是指居民将闲置的资金存入银行等金融机构的理财行为。尽管如今市场上的理财产品越来越多，但我国的大多数居民仍然倾向于将储蓄作为个人理财活动的首选，这是由于储蓄在众多理财方式中具有一定的优势。

储蓄的优点

作为广受百姓欢迎的一种小额投资理财方式，银行储蓄有其自身的一些优点。

首先，风险低。投资理财的大前提就是在保证资金安全的情况下追求收益，如果连资金安全都不能确保，那么就不如不进行投资。特别是对于一些资金持有量较少、风险承受能力较低的投资者而言，保本这个重要性是排在第一位的。而商业银行有着较高的信誉度，居民把资金投入商业银行，可以说风险是极低的。

其次，收益相对稳定。理财的目的是希望资金能不断增加，但是很多投资者如今已深深意识到，高收益的理财方式往往都不太稳定。因此，相对于高收益来说，还是收益稳定最保险，因而许多人会选择收益稳定的银行储蓄。

最后，可以随存随取。我国的储蓄原则是“存款自愿、取款自由、存款有息、为储户保密”，这其中，随存随取就是储蓄很大的优势。生活中总会有这样那样的突发情况，当意外发生时我们可能会急需资金。如果我们把所有资金都用于其他投资，急需时可能取不出来，而如果我们把资金用于银行储蓄就不会存在这样的问题了。

每个人都知道，储蓄就是把钱存入银行，然后获得一定的利息收益。但大多数人会认为利息微薄，很少在意这种理财方式。但积少成多，低效益同时意味着低风险，对于稳健型理财者来说，储蓄是个非常好的选择。

2. 弄清“游戏规则”，债券投资技巧多

如今，随着投资者理财意识的提升，债券投资也逐渐成为了一种较为流行的理财方式。

投资债券的优势

一是收益较高。相较于银行储蓄而言，债券投资具有明显的收益更高的特点。投资债券，投资者一方面可以获得稳定的、高于银行存款的利息收入；另一方面可以利用债券价格的变动，通过买卖债券来赚取中间的差价。

二是安全性较高。债券在发行的时候，就已经与投资者约定了到期后可以支付本金和利息，因此债券具有收益稳定、安全性高的特点。特别是对于国债来说，其本金及利息的给付是由政府做担保的，几乎没有什么风险，是具有较高安全性的一种投资方式。

三是流动性较强。我们知道，上市债券具有较好的流动性。当债券持有人急需资金时，可以在交易市场随时卖出，而且随着金融市场的进一步开放，债券的流动性将会不断加强。

投资债券小技巧

首先，初入债市的投资者要做好一些准备。比如，多关注宏观经济发展状况，尤其是国家货币政策和财政政策的变化；要关心周边金融市场的发展趋势，尤其是基金市场、股票市场和票据市场的变动情况；要以平和的心态参与债券投资，自己拿主意以及耐心持有。

其次，要了解清楚你所投资的债券的“游戏规则”。例如，很多投资者认为投资企业债券是目前不错的选择。如果你持有的是企业债券，你需要了解的是：无论企业内部人拥有怎样的控制程度，作为企业的债权人，都可以到期收取定额的本金和利息，除非企业在到期前破产清算；即使企业破产，债券持有人相对于股东也拥有优先清偿权，企业清偿所有债务后，如果还有余额，股东才能得到部分补偿。

再次，不要盲目跟风，也不要一成不变。投资策略怎样谓之好呢？应该充分考虑投资期限、风险承受度和未来的流动性需求等。投资者要对达到什么样的投资目标做到心中有数，并愿意和能够承担因此而发生的投资风险。如果想从债券市场上获取更多收益，仅懂得坚持自己的观点有时还不够，还要尊重市场、顺应市场，并根据市场的变化积极调整策略。

最后，注意不要把债券当股票来“炒”。投资股票经常会做超短线操作，然而，债券市场相对股票市场而言，更关注大势，即国家政策和经济形势。债券的频繁交易有可能会吞噬大部分的投资回报。不少实践证明，债券的中长期持有策略要远优于积极交易、快进快出的超短线策略。

3．精明投保，兼顾保障与收益

理财方式多种多样，储蓄存款、投资股票债券、网上理财等都是人们喜闻乐见的理财方式。相对于这些仅有理财功能的理财方式而言，保险理财投资作为一种兼顾风险保障与理财功能的金融产品，逐渐受到了人们的青睐。

保险投资的优势

首先，最突出的一点是保险具有风险保障功能，这是其区别于其他理财方式的一个主要特点。它能够把人身风险转移到保险公司，这项功能是银行存款和其他所有金融产品都不具备的，当前这种保障型保险很受欢迎。假如不幸生病了，存在银行的10块钱还是10块钱，但存在保险的10块钱，则可能变成100块救命钱。

其次，保险具有较为丰厚的投资回报和安全性。普通的投资，是投入100元赚取1元的买卖，而保险却是投入1元赚取100元的投资。普通的投资遵循“高收益、高风险”的规律，而保险投资却相对安全。这是因为国家对保险公司进行了严格的监管，并对保险资金的运用也进行了严格监控，把投资的风险降到了最低。

最后，保险具有储蓄功能。保险是一种长期储蓄，也是强制储蓄。它相对于银行存款来说，周期更长，也更稳定，所以保险的利率比银行存款要高出不少。

投保小技巧

尽管保险具有一定的理财功能，特别是一些理财型保险的推出，更是侧重理财功能，但大部分人还是更青睐于保险的保障功能。那么，如何投资保险更划算精明，既能做到风险保障，又能获得一定投资收益呢？

一是寿险类产品越早购买越好。有些投资者因为保费贵，所以迟迟不愿意购买保险，但是我们必须知道，寿险产品的费率其实是随着被保险人年龄的增长而提高的。举个例子，同样的保额，40 岁时买与 20 岁时买在费率上可能会多花 30% 左右，而老年人买寿险产品时的保费较高，甚至还会出现保费总和大于保额的现象。

二是选定一家保险公司。通常来说，保险公司对自己的固定老客户都会给予一定的保费优惠。因此，就投保人来说，如果需要的保险品种区别不大时，选定一家保险公司进行投保，这样一方面投保人会减少重新花费在选保险公司上的时间和精力，另一方面还能获得保险公司提供的保费优惠。

三是选择最经济实惠的付费方式。作为一个精明的投资者，需要在正确选择保险公司及保险产品的同时，选择最经济的付费方式。不少保险产品在支付保费的方式上，既允许投保人趸缴，也允许投保人分期缴。究竟哪种方式对于投保人更实惠一些，这需要看投保人的具体情况。举个例子，同一张保单，既可以趸缴 10000 元，也可以每年缴 2200 元，五年分期缴清，后者相当于整体多缴了 1000 元。

四是也要考虑其理财功能。现在，越来越多的保险公司为了迎合消费者的长期理财需求，推出分红险与万能险的“双账号”保险计划，通过保险资金在两个账户间灵活转换实现增值，客户若不领取分红险的红利和生存金，这部分资金可直接存入万能险账户享受复利生息待遇，在风险保障的同时获取一定的投资收益。

4．股票市场风险大，并非人人都适合

作为一种高风险与高收益并存的投资方式，股票投资被广大投资者形象地比喻为“最刺激的金融活动之一”。特别是2016年，对于不少股民而言都是难忘的一年，在经历了熔断、千股涨跌停、美元加息、特朗普上台等几轮市场大动作后，一些股民在股市中淘了金，但有更多的股民至今无法解套。由此可见，并非每个人都适合投资股票，而若想在股市中成为赢家，更是难上加难。

适合投资股票的投资者

首先，能树立正确投资理念的投资者，才适合股票投资。不少投资者希望通过股票投资赚大钱、赚快钱，因此被利益所蒙蔽，盲目入市投资或者盲目抛售。其实，股市和生活一样，随波逐流的人必定吃亏。所以投资者首先要树立正确的投资理念，才有可能在股市中分一杯羹。

其次，理性的、自律的投资者，更适合股票投资。能够做到理性而自律的人，做事时成功的概率往往更高，这个定律在股票投资领域同样如此。谁也无法精准地判断市场，面对大盘、个股，需要做到不让投资情绪随着市场波动而摆动。

最后，善于学习的投资者，更适合股票投资。有些投资者误以为股票就是赌博，把股市当赌场，想要碰一把运气。其实，股票投资需要具备很多知识，投资也有一定的方法和技巧，只有乐于学习、愿意学习的投资者，才能不断从操作中总结经验进而适应这个市场的变化。

股票投资入门小技巧

作为一个入门级的股民，在入市前需要学习一定的知识，掌握一定

的技巧，提高自身的素养，才能更好地在股市中淘金。

一是学习股票投资的基础知识。首先要明白，股票投资并非赌博，股市也不是赌场。股票投资是一门学问，并非轻易就能掌握。要想在股票投资上取得成功，就必须花些时间去学习，研究股票的投资知识和投资技巧。当然最重要的是实践，但实践也是一种学习，先有知识后有实践可以减少投资者的盲目性。如果事前不学习必要的股票知识，就会盲目投资，那么即便偶尔获利，时间久了也难免会亏本。只有事先掌握一定的知识，才能在变化莫测的股市中，沉着冷静，不断受益。

二是掌握有关的投资方法。这是进行股票分析的前提。有了方法才能更好地进行股票分析，判断股价变动趋势，确定最佳买卖时机。投资方法大致可以分为两类：一是掌握经济知识，包括历年股价变动情况、各种股票价格变动特点、公司经营情况、各种股票本益比和本利比及收益变动情况；二是掌握一些基本的投资技巧，投资股票的方法有很多，例如短期获利法、交叉买卖法、趋势投资计划调整法等。掌握有关方法的理论知识，并不断地实践和总结经验，才能提高投资成效，获得更大的收益。

5．投资安全基金，散户不再是旁观者

曾经在网络上看到这样一段话：“开始总是旁观，一不小心进场，从此深陷其中，欢笑渐成绝响。看周围，庄家玩伎俩，散户在上当，难道股市注定是散户的坟场？如果是这样，基金会不会帮我打开一扇通向光明的窗？”散户如何不再做股市的旁观者呢？基金投资不失为一个好的选择。

投资基金的优势

一是基金拥有专业化的管理。我们知道，基金是由专业的经理人来管理的，基金经理、行业分析师对行业、公司的充分了解，既有利于获得一手信息，也有助于其对公司未来盈利的预测，由他们来精心选择投资品种，随时调整投资组合，自然有助于获得更高的收益。

二是基金风险相对分散。对于个人投资者而言，资金往往不够充足，只能选择种类较少的股票，万一运气不好，股票都亏了，可能会血本无归，因此个体投资者一般难以做到分散投资，承担的风险相对较大。而基金公司由于汇集了大量投资者的资金，资金总额非常庞大，可以进行分散投资，通过投资组合来将风险最小化、收益最大化。

三是基金流动性较强。投资者可以随时按照基金单位资产净值申购、赎回，申购和赎回将按当天收盘后计算出来的基金净值成交。因此，相对而言，基金的流动性较强。

投资基金的小技巧

①最稳妥的策略是定期定投

对于指数基金这种高波动性的投资产品，定期定投可以有效地降低风险。投资者也可以考虑把定期定投和指数基金结合起来，以期获得更大的投资回报。

②抓住机遇，适当抄底

当股市见底时，买入股票基金的成本也最低，有条件的投资者应当把握机遇，适当补仓和建仓，大胆进行基金抄底。当然，基金抄底是有条件的，不仅要选在历史的低点，更要注意考察实体经济的基本面。在股市低迷而实体经济仍然看好的情况下，往往是相对较佳的入市好时机。

③长线投资有利于抵抗短期波动损失

出色的投资者都有长远的投资计划，这是因为长期投资可以克服短期波动带来的损失。相当多的投资者都想在基金亏损时及时卖出止损，但在股市走低但宏观经济基本面依然看好的情况下，坚持长线投资才是最佳选择，这样的投资者才能在最后获得更高的收益。

④波段投资方法不适合频繁操作

大多数投资者都喜欢用波段投资方法反复进行操作，以图获得短期收益，但基金并不是一种适合频繁操作的投资工具，过于频繁，不利于节省投资成本。

6. 想要炒汇成功，先要成功入门

对于外汇投资，可能不少初级投资者都觉得陌生。据统计，美国有很多亿万富翁在初期都是从事外汇投资并且成功的，如在世界首富排名榜上名列前茅的索罗斯、巴菲特等，就是炒汇成功的传奇人物。如果你也想在外汇市场上分一杯羹，不如先从了解其基本知识开始。

外汇投资的优点

①外汇投资收益较高

在基金、股票、期货等众多投资方式当中，外汇的收益率相对更高，有时半天或一天就能让资金翻倍或翻几倍。主要原因有三方面：一是保证金交易方式能将你的资金放大 100 ~ 400 倍进行交易；二是 T+0 交易，也就是说，当天买卖没有交易次数限制；三是外汇交易可以双向交易，多、空都有机会赢利，买卖机会非常多。

②可先设定止损价

任何一种投资都有风险，外汇投资也不例外，但不同的是，外汇投资风险的程度是可以预先设定好的。比如，在买单的同时可以先设定好一个止损价，一旦到达所设止损价，交易中心会自动帮你平仓；而在盈利时也可以不断地提高设定止损价位，保持收益。

③无须担心黑幕交易

在股市中，常有一些黑幕，例如人为操纵股价。但是，外汇涨跌不会被人为操纵，因为其日均交易量非常大，不易被任何庄家、基金或大客户等所操纵。即便出现人为操纵汇率，各国央行也会及时进行干预。

外汇投资小技巧

一是要多学习外汇投资知识。如果是初学者，在投资外汇之前，应该尽可能多地对外汇的形势做更多的了解，同时应保持一个正确和理性的心态。理性是任何投资所必备的心理素质，缺乏理性的投资，早晚会吃亏。因此，投资者需要耐心学习，逐步接触外汇，这是每一个进入外汇市场的新手必须经历的步骤。

对于新手投资者来说，可先使用模拟账户来进行基本的操作练习，在此过程中最重要的任务就是找到属于自己的操作风格和策略。当获利的概率日益提高、每月获利额逐渐提高时，就可以开立真实的交易账户进行外汇交易了。

二是防范风险，留心交易安全问题。除了投资本身具有的风险以外，外汇投资还涉及一个外汇来源是否合法的问题。一方面，投资者要确保自己所从事交易的外汇来源是合法的，在国家有关外汇管理法律法规之内进行交易；另一方面，要理解外汇投资市场上汇率的变化具有随机性，在交易中要对这种风险采取防范措施。

三是要培养良好的投资心理，做到赚钱不骄傲，亏损不气馁。投资外汇，应当把握的基本原则是顺势交易、严格止损。在一个大范围内，走势具有极强的惯性，或者说连续性。当中长期均线开始转向的时候，庞大的体系惯性将使它延续这种趋势。这就是市场中的确定性，聪明的外汇交易者就是利用市场的惯性来赚钱的。

7. 转变传统理财思维，试水网上理财

在如今的“互联网+”时代，人们愈发感受到了互联网给生活带来的影响和变化。而“互联网+金融”理财模式的出现，使得不少投资者转变了传统的理财思维，纷纷试水网上理财。

网上理财的优势

一是收益更高。相较于银行储蓄等传统理财方式，互联网理财产品的收益更高，大部分互联网理财产品可以实现年利率5%以上的收益水平，而一些伴随高风险的P2P网贷更是可以达到10%以上的收益水平。

二是信息量广，传播速度快。长期以来，困扰投资者许久的一个问题就是信息不对称，然而，互联网理财产品的诞生较好地解决了这一问题。投资者可以在网上轻松地掌握全国各地甚至全球的财经信息，而各金融网站传递的信息几乎没有数量限制。打个比方，网络证券交易提供的行情更新时间在8～10秒内，这一速度显然要快于其他任何一种委托方式。

三是资金门槛低。相较于银行理财产品动辄数万元的投资门槛，互联网理财产品则更加平民化，投资额度从0.01～1000元不等。例如，余额宝、苏宁零钱宝的投资最低额度为1元，微信理财通、京东小金库的投资最低额度为0.01元，人人贷、宜人贷等P2P网贷平台的投资最低额度为100元。这些理财方式的最低额度远远低于银行理财产品，让草根投资者有了投资的机会。

网上理财小窍门

一是量力而行。所谓量力而行，就是要培养正确的理财观念，不可

人云亦云。特别是一些小额投资者，投资资金有限，抵御风险的能力也较低，无法承受巨大的本金损失，因此必须量力而行。

二是分散投资。投资者的首要任务是保障本金，在此基础上，再来获得较高的收益。所以说，组合投资是可以有效地分散风险，而且又能够得到高收益的。总之，只有多管齐下才能够百花齐放。

三是选择适合自己的平台和产品。面对众多的投资平台和产品，绝招就是，在选购理财产品时要清楚了解它们的特性、投资风险、投资方向等，以自身承受风险的能力来选择适合自己的理财平台和产品。

四是先小后大，小额尝鲜再大投。很多投资者只看到网络理财的高收益，而忽略了其安全性，一开始就在互联网上进行大额投资。然而，需知成为网络理财领域“常胜将军”的秘诀不是短期内能够掌握的。因此，特别建议刚刚接触网络理财的新手们，可以不断小额尝试，从中吸取经验和教训，或者以小额试水某个从未涉足的平台，确定安全性后，再逐步加大投资额。

第十八章
「保值升值最关键」
——学投资理财必知的实物投资常识

1. 辨别商品房的升值空间

自20世纪80年代起，国内开始流行商品房的交易。何为“商品房”呢？它指的是具有经营资格的房地产开发企业通过出让方式取得土地使用权后用以出售的房屋，一般来说都是按市场价来出售。影响商品房价格的因素包括成本、税金、利润、代收费用以及地段、层次、朝向、质量、材料差价等。从法律的角度上来看，商品房是可以在市场上自由交易的，包括新建商品房、二手房等。

投资商品房的优缺点

①投资商品房优点

首先，房屋是不动产，一般来说不动产是保值品，在和平年代几乎不可能出现贬值的情况。通常会随着城市的GDP一起上涨，有时其价值增长的速度甚至会远远地超过当地GDP的上涨速度。在我国的一线城市中，房屋价格的上涨速度飞快，而投资商品房更是近些年人们喜闻乐见的一种理财方式。其次，除了房产本身价值的上升，投资性房地产还可用于出租，以获得第二收入。在目前通货膨胀的环境下，出租收入比普通储蓄投资回报高。

②投资商品房的缺点

一般来说，投资商品房需要有很大一笔前期资金，而这并非是每一个家庭或一般个人能够支付的，因此很多人会选择通过银行贷款来完成支付。在房屋价值变现之前，投资者还需要支付一定的管理费用，例如水电费、物业管理费、房屋维护费用等。而且，实物投资的流动性不强，若想将投资的商品房变现，通常需要花上一定的时间和精力，缺乏及时性。

投资升值空间较大的商品房的考虑因素

投资商品房也是一门学问，若是随便选购，也许会面临升值空间小的风险。那么如何来选购升值空间更大的商品房呢？

首先，考虑商品房的地段。一般来说，选择“居民区”较为稳妥合适，因为居民区的土地变迁概率相对于工业、商业区要小很多，无须太过顾虑因厂区的迁移而发生住宅的变迁问题。另外，应选择人口密集的、相对稳定的商圈，或者是特大型企业、国企的周边，这类商品房的升值空间相对较大。

其次，考虑商品房的层次、朝向和户型。这些因素都要结合实际情况来看，但大多数情况是，层次适中，不太高不太低的坐北朝南的房子升值空间更大，因为更符合人们的居住习惯。而关于户型，两室一厅、三室两厅，方方正正的房子比较受欢迎，户型过大往往很难出售。

最后，学区房的升值空间更大。这一点在大城市尤为适用。如今不少家长都面临着孩子上学难的问题，特别是放开二胎以后，孩子的上学问题越来越突出。因此，不少人选购自住房的时候倾向于选择学区房，同样道理，投资者应该意识到这一点，在能力范围内尽可能选择学区房来投资。

2．多方面考量商铺的投资价值

商铺，是房地产的一种，是经营者对消费者提供商品交易或服务的场所，也就是说，其用途是专门用于商业经营活动的。在商品房价值稳步上涨的今天，人们除了投资商品房以外，也乐于投资商铺。下面就来看看，投资商铺有哪些知识需要了解。

投资商铺的优势

①商铺不折旧

二手商品房在出售的时候会比同地段的新住宅房便宜，因为二手房存在折旧的因素。而商铺就不这样了，一般的成熟商圈需要两到三年的培育期，一旦商圈成熟以后商铺的租金会逐年增长，商铺就会越来越值钱，所以商铺不存在二手房折旧的问题。

②租金收入逐步递增

随着商铺的成熟，租金会逐年递增，同时众多商铺组成的商圈也越来越成熟。成熟商铺每年的房租可达总值的5% ~ 10%，甚至高达20%，远远高于住宅房的租金。因此，一般来说，5 ~ 10年就可以收回投资成本，而随着租金的上涨，商铺还在不断增值。

投资商铺技巧

相比商品房投资，商铺的投资更需要技巧，一个成功的商铺投资者，往往具有敏锐的市场洞察力和对城市规划的先知先觉，以及对经济发展的准确预期。因此，对于新手投资者而言，也需要具备一定的知识，切勿盲目投资。

①考虑商铺的地段

投资商铺的先决条件就是所处地段，这也是决定商铺价值的首要条件。一般来说，市中心繁华闹市区的商铺价格最高，而较为偏远地区的商铺则较便宜。但如果花了过高的代价买到的热闹地段的商铺，其他各方面条件都不好，造成租金太低，投资收益率就会大打折扣，可能还不如地段稍次但其他各方面条件较好、租金收益也不错的商铺。事实上，确实有很多一类地段的铺面单价和租金收益率都比不上二类地段的铺面，因此不能把热闹与否当作价值是否最高的唯一信号。

②考虑人流量

一般而言，人流量大的地方，商铺的潜力也会较大。投资者可亲自到想要投资的商铺门前，统计每个时段路过的行人有多少。但需要注意的是，绝对不是路过的人多，购买的人就一定多，购买行为与诸多要素有密切联系，人流仅可作为购买商铺的一个重要指标。

③考虑便利性和购买习惯

商铺是否便利，是影响其繁华程度的关键因素之一。比如说，家具市场，如果附近交通不便利，那么如何运输呢？一个不错的酒楼，但是停车位不足，人们可能就不乐意前往消费。而购买习惯也可一并考虑。打个比方，若人们买服装都去服装一条街的话，又新开了一条服装街，那么，在这里投资就值得商榷。人们的购买习惯一旦确定，要想改变就比较难了。

④发展潜力

这一点对于新手投资者而言就比较难预测了。这个地区的人口会不会增多？市场会不会红火？一条街都很冷清，有人低价抛售商铺，价格会不会更低？一个精明的投资者往往会根据长期的经验，对市场做出一定的判断，以其超前的眼光去获得更好的投资回报。

3．投资黄金，最能有效抵抗通货膨胀

每个人都认识黄金，其自古以来凭借着美丽的光泽、稀少性及优良的物理和化学性质，为各时期人们所钟爱。黄金投资具有多种形式，例如实物黄金、纸黄金、黄金基金、黄金股票等，我们这里主要说的是实物黄金投资。实物黄金投资最简单的方式，就是购买黄金金条后，将黄金存入银行保险箱中，做长期投资。在我国，实物黄金是黄金交易市场上较为活跃的投资产品，因此对于一般的投资者来说，投资黄金时选择实物黄金无疑更实在。

实物黄金投资的优势

①抗通货膨胀

我们知道，通货膨胀意味着货币贬值，那么人们手中持有的货币资产就会变得不值钱。此时，投资者会把资产投向黄金市场，在需求增加的情况下，黄金价格走高，原本低价买进的黄金，会因为价格上扬而不断增值。

②黄金保本保值

黄金的价值不会随历史折损，黄金虽然不会像古董字画一样，时间越久价值越高，但也不会像车、房一样，买后再卖就变成了二手车、二手房。通俗来说，黄金价值除了随市场价格变动外，即使放10年、20年，黄金还是黄金，不会变成二手黄金。

③黄金不易崩盘

黄金作为一种稀有资源，具有不可再生的特点，世界黄金矿藏量会因不断开采而越来越少。目前，全世界开采的黄金大约已超过总储量的一半，未来黄金产能供给量将日渐减少，而需求不会停止，这使得黄金

价格趋势只会一路往上，即使中间会有波动产生，但长期而言，黄金价格不会出现崩盘行情。

实物黄金投资的技巧

首先，投资者需要了解实物黄金投资的投资方式。一般来说，投资者通过银行渠道来购买实物黄金，包括标准金条、金币等产品。比如农行招金、中行奥运金，还有上海黄金交易所对个人的黄金业务主要就是通过银行来代理；而我国推出的熊猫金币，则是由中国人民银行发行，也是一种货币形式，即使再贬值也会有相当的价值，因此其投资风险相对要小。还可以通过金店，也就是首饰店这一渠道来投资。但是一般通过金店渠道买金更偏重的是它的收藏价值而不是投资价值，比如购买黄金饰品是比较传统的投资方式，金饰在很大程度上已经是实用性商品，而且其在买入和卖出时价格相距较大。

其次，投资者需要清楚实物黄金投资的相关成本。例如，实物黄金的买卖手续费和仓储费。相较而言，购买金条、金币，银行的回购手续费相对低一些，但每家银行收取费用标准不一，投资者在投资的时候应尽可能“货比三家”，节省成本。

4．玉石虽然无价，但快速变现有难度

在玉石市场上，流行着这样一句话：“黄金有价，玉石无价。”确实，有些人因为收藏了一件保值的玉石艺术品而发家致富，但也有不少人“上当受骗”花高价买了劣质的玉石。也许不少热衷于投资实物的朋友会问，那么玉石值得投资吗？

选择值得投资的玉石

首先，投资者要明白一点，收藏不等于投资。所谓玉石投资，是指用一定的资金购买珠宝、玉石并在一定期限内变现获得收益；而收藏，则没有收获利润的动机，看重的更是观赏和传承的用途。当然，在收藏的过程中藏品也会随之增值。

在玉石、珠宝产业中，可作为收藏用途的项目很多，但并非所有的项目都可用于投资。目前，在市场上可作为投资项目的是翡翠和钻石。钻石作为老牌收藏项目深得国际珠宝投资市场的青睐，而翡翠，虽然其普及率不及钻石，但是在国内市场却拥有难以替代的地位。况且，从近些年来国际知名拍卖行中翡翠的出镜率就可得知，国际玉石投资市场也开始关注这一领域。一般来说，投资者获利的方式主要为通过私人转让、拍卖会拍卖、珠宝展或玉石交易市场出售等。

投资玉石需要注意的方面

首先，要注意玉石来源的渠道，避免买到假玉石或是劣质品。我们知道，市面上的玉石林林总总，价格的差距也很大，如何选购玉石成了让投资者“头痛”的问题。不少无良商家用劣质产品甚至假货欺瞒消费者，有业内人士指出，翡翠经过醋酸等浸泡可以去掉黑点等杂质，使其看上去清透明亮，并且用醋酸浸泡过的翡翠其内部结构会受到破坏，产生空隙，商家就会用环氧树脂填充空隙。经过这样处理的翡翠和真正的天然翡翠非常接近，很难分辨。因此，投资者需提高警惕，尽量避免在景区等地方随意购买翡翠制品。

其次，除了料子，还要关注工艺和设计。很多投资者只关注玉石的料子，认为料子好升值空间才大。其实，不一定非要一味地追求质地上好的原料，一些品质算不上很好的原料，一旦融入合适的设计理念，加上精细雕工将其天然特征表现出来，这样的玉石升值潜力同样也很大。此外，工艺美术大师制作的精美作品，加上材质好，也是值得收藏和投资的。

最后，要明白一点，玉石的变现存在难度。目前，我国尚未建立公开、公正、公平的玉石交易机制，玉石变现主要通过行业内的交易、拍卖行拍卖或是私人转让等来完成。变现时间较长，一旦没有市场，可能面临着难以出售的问题，如果投资者急需使用资金，想通过玉石变现是存在一定难度的。

5．身价倍升的纪念币，保持其热度的方法

近几年，钱币的收藏和投资越来越火。还记得20世纪90年代初发行的梅花五角硬币吗？距离现在不过短短30年不到的时间，如今一枚完整无缺的5角硬币已经能卖到160元左右。不仅是硬币，纪念币的身价也会提升，例如猴年纪念币、“抗战胜利70周年”纪念币等，发行不过两三年便获得数倍溢价，这让“炒纪念币”成了时下的热门投资项目。

我国的纪念币，通常是具有特定主题的，由国家授权中国人民银行指定国家造币厂而设计制造的，由国家银行统一计划发行的法定货币。无论是大家熟悉的熊猫金币、12生肖纪念币，还是各种主题纪念币，每一款都有其重要的纪念意义。有部分投资爱好者很早就有钱币投资意识，爱好收藏各类钱币，但也有部分群众跟风兑换纪念币，却没有妥善保管和收藏，最后失去了纪念币的投资回报和收藏价值。因此，纪念币并非稳赚不赔，投资纪念币也有一定的方法和技巧，下面我们就一起来看看。

发行量少的纪念币价值更高

所谓“物以稀为贵”，这句话在纪念币投资上也同样适用。纪念币发行量的多少，是决定其投资价值和升值潜力的首要因素。纪念币的发

行量与市场价格呈反比关系，即量少价高，量多价低。例如，1980年发行的“国际儿童年”加厚金币，其存世量不到45枚，被称作“新中国小规格贵金属币中的币王”，这种纪念币到2009年时价格就已经高达4万元左右，目前价格已经飙升到120万元。

纪念币的品相很重要

从品相上说，投资者应选择没有划痕、碰伤、擦伤的纪念币，而且一定要注意妥善保管。纪念币的品相好与差，市场价格相差很大。例如“中国人民银行成立40周年”纪念币，品相好的价格4300多元一枚，而品相差的即使1000元也很难出手。那么，该如何妥善保管纪念币呢？首先，要避免其与硬物进行直接磕碰、摩擦，切勿同时将几枚纪念币装在一个口袋里，应用较柔软的布或纸分别包装。其次，要防止手污，纪念币出厂时都带有一层薄薄的密封的透明塑料袋，有免使币面遭氧化的作用，不要轻易将其拿出，直接用手触摸，在观赏纪念币时，有条件的应戴上薄手套。最后，要绝对避免接触酸性物质。

具有独特题材的纪念币升值空间更大

没有独特题材的纪念币很难激发市场的投资热情。例如，1997年邮币卡市场中“宪法颁布10周年”纪念币的火热，就是凭借错版传闻的题材；而“宁夏30周年”纪念币的疯抢，则是因为自治区系列题材的“龙头”币效应。

狂炒后回落的纪念币，不建议购入

在纪念币市场中，常常会有一种现象：某一些品种会受到市场追捧而一度成为人们争先抢购的对象。但这种已经大幅飙升的品种，一遇庄家大量出货，价格便会大幅回落，尽管这类纪念币品种已有相当深的跌幅，但仍不适宜普通投资者参与。因为狂炒过后回落的品种，在高价位处已有相当多的投资者被“套牢”，一旦价格稍微回温，这些投资者就会卖出，这时该品种就失去了再次被捧热的可能性。

6. 激发小小邮票的大潜力

在那个书信交往的慢时代，一封书信承载着多少情谊？一张小小的邮票又代表了多少思念？如今，书信虽然渐渐地被各种社交软件所替代，可邮票依然有它的价值。邮票不仅具有艺术欣赏价值，而且还具有投资价值。在股市低迷的时期，有不少老股民放弃股市而将资金投入邮票市场，认为其增值潜力超过股票。

投资邮票小技巧

第一，必须对邮票的基础知识有一定的了解。其实，做任何投资都一样，盲目入市，碰运气，甚至随波逐流，都很难真正获得回报。投资邮票，至少应该学会一些辨别邮票真伪的方法，谨防上当受骗。

第二，注意邮票的购买渠道。要尽量到邮政局或者正规大型的邮票交易市场去购买，不要从小商贩或者流动商人手中购买，没有安全保证的邮票来源，一律要拒绝。

第三，选择邮票要符合几个基本条件：发行量或者存世量小，流通性好，邮票的题材和品相好。数量越少的邮票越珍贵，保存越完整的越珍贵，虽然这不是绝对性的条件，但是目前邮票市场上大部分的天价邮票都是符合这些条件的。

第四，保持理性，不要盲目追热追新。比如，2012 壬辰年的龙票，一出来就大受热捧，实际上背后存在人为炒作现象。一旦新邮票受到热捧，投资者应小心观望，不要随意购买，因为新邮票的持久力如何难以预测，很可能是昙花一现。

第五，投资邮票时尽量选择面值较低的邮票，回避高面值邮票。首先，很多邮票的涨幅基本上都是低面值邮票远胜过高面值邮票；其次，低面值邮票可能被用来消耗的概率较大，消耗量一大，留存量就会变小，所以更有升值潜力。

邮票投资小技巧

首先，最重要的一点是谨防伪票。一旦收藏的邮票为伪票，那么就等同于一张废纸，没有任何价值。如今，由于伪造邮票比伪造货币的利润要高得多，而且很难被发现，便有一些造假分子不惜一切代价采用高新技术，使伪品的色彩、齿孔酷似真票。邮市上不仅有这种伪造珍品，还有经过修、洗、上胶处理的邮票以绝品的价格出售，伪造手段之高明，连行家都很难辨别真伪。因此，投资者要提高警惕，尽量从正规渠道购买邮票。

其次，提高风险意识。邮票交易过程中的价格炒作时有发生，一些所谓的"诚信""低价""优惠""赠送"等广告往往隐含着骗钱的勾当。而我国邮票收藏市场还不够规范，除了一些大城市外，各地管理部门规范力度小，这给大多数投资者又增添了一些风险。因此投资者投资邮市一定要掌握基本的集邮知识，并保持清醒的头脑。

最后，抵制低价品种的诱惑。当邮票收藏市场处于低潮时，一些新邮票甚至会低于面值销售，集邮公司也会打折销售部分邮品，这时，千万要注意邮票的发行量、质量，切忌因为贪便宜买进成堆的粗劣邮票，此类收藏的收益可能比银行利息还低。

7．古玩能否成为未来投资的亮点

众所周知，中国有三大投资：股票、房产、古玩。古玩投资，属于艺术品投资的范畴。从材质来看，有木质古玩、陶瓷古玩、玉石古玩、珠宝古玩、金属古玩等；从使用价值看，有古典家具、文房四宝、器皿用具、梳妆饰品、古代钱币、书籍报刊、烟标海报等。

随着近年来古玩市场的不断升温，越来越多的人将资金投向古董珍玩和名人字画等收藏品，以期获得不菲的收益。甚至有人预言，古玩将是未来投资的亮点。那么，古玩值得投资吗？有哪些需要注意的地方呢？

古玩是未来投资的亮点的原因分析

近年来，古玩市场不断升温，行情不断走好。在上面提到的三大投资项目中，股票市场风险太高，不少投资者在股市中被深深套牢；而投资房地产虽然优势众多，但需要前期资本也多，而且在国家的宏观调控下，房地产市场随时有降温的可能；只有古玩市场潜力突显，且持续升温，行情不断走好。那些在几年前价格高昂的古玩字画，如今可能要比当时的价格高出十倍以上，由此可见，古玩具有很大的升值空间。

古玩投资需要注意的地方

古玩作为实物投资项目的一种，更加适合具有收藏兴趣的投资者投资。投资古玩除了可能获得回报外，还可以陶冶情操，增加生活乐趣，提高鉴赏能力。在投资之前，需要具备一定的基础知识，不可盲目投资。如今古玩市场上充斥着不少赝品，盲目投资会付出巨大代价。

第一，投资古玩要量力而行，多而全不如少而精。投资者选择藏品的时候，可根据个人的兴趣爱好，选择少数的几样作为投资对象。有些投资者在投资的时候缺乏理性，将大量生活资金投入古玩市场，这并非正确的投资理念。特别是新手投资者，不妨选择一种长期稳定的藏品或从小件精品入手。

第二，培养和提高自身的鉴赏能力。古玩这一类艺术品投资，最重要的是兴趣爱好和自身的鉴赏能力，所以，最好先从收藏古玩开始，在兴趣和嗜好的引导下，潜心研究相关资料，经常参加拍卖会，参观古玩展览，来往于古玩商店和旧货市场。有机会的话，不妨深入穷乡僻壤和收藏者家中，在实践中积累经验，以不断提高鉴赏水平。

第三，切勿错过机会。俗话说，千金难买心头好。古玩的价格往往不菲，投资者可能要付出一定的代价才能购买到上乘的古玩，因此要做好这个心理准备，毕竟珍品数量少，遇上了就应果断入手，否则会错过盈利机会。

第四，正确估算藏品的投资净值。这中间，要充分考虑购买、保管和出售藏品所需付出的各项费用。

第五，妥善保管藏品。古玩投资是一种长期投资，投资者要树立长期投资的意识，只有长期持有，才能获利丰厚。因此，需要投资者妥善保管藏品，使其保持最佳状态。

第十九章

「 让未来的钱服务现在 」

——学投资理财必知的负债理财常识

1. 办理住房贷款更划算的方法

其实，住房贷款这一概念，很多人都应该认识并且接触过了。住房贷款，就是银行或其他金融机构向房屋购买者提供的一种购房贷款支持。按贷款款项来源，可以分为商业贷款和公积金贷款两种；按还款方式，则可以分为等额本息还款方式和等额本金还款方式两种。

个人办理住房贷款的条件及资料

首先，办理购房贷款需要具备一定的条件，基本条件包括：

①房屋购买者需要具备合法的身份；

②有稳定的经济收入，信用良好，有偿还贷款的能力；

③有合法有效的购买合同、协议及贷款银行要求提供的其他文件；

④一般来说，需要有所购住房的全部价款30%以上的自筹资金（各地政策不一），并保证用来支付所购住房的首付款；

⑤有贷款银行认可的资产来进行抵押或质押，或（和）有足够的代偿能力的法人、其他经济组织或者自然人作为保证人；

⑥如果需要办理公积金贷款的话，还要符合当地的公积金管理部门规定的借款条件。

其次，房屋购买者需要备齐银行或其他金融机构要求的资料，一般包括：①个人贷款申请书。②个人有效身份证件（包括居民身份证、户口本、军官证等）。③个人婚姻状况证明（已婚的提供结婚证及配偶的身份证明、户口本，未婚（离婚）的应提供民政部门出具的单身证明）；④个人收入证明材料，如工资收入证明、纳税凭证、自有房屋出租证明、营运性收入证明等；以家庭收入偿还贷款的，还应当提供家庭其他成员的身份及收入证明材料。⑤购房首付款证明。⑥购房合同等能证明贷款用途的资料，以及银行认为需要提供的其他有关材料。

办理住房贷款更划算的方法

我们都知道，购买房屋时如果办理了住房贷款，个人仅需要支付首付，就可以入住心爱的房子了。但是，如何更划算地办理住房贷款，其实也有一定的方法可循。

第一，尽量办理公积金贷款。公积金贷款实质上是一种福利性购房贷款，其利率要比商业住房贷款低得多。因此，贷款买房时，公积金贷款最省钱。如果是想购买第二套房的购房者，使用公积金贷款无疑更可省下不少利息。尤其是在央行下调存贷款利率的前提下，使用公积金买房还贷压力将减小不少。另外，如果房价高于公积金贷款的额度，购房者可以用公积金贷款和商业贷款的组合贷款方式购房。

第二，等额本金还款方式更节省利息。对于收入稳定或有额外收入来源、还款能力较强的贷款者，可以选择等额本金的还款方式。等额本息和等额本金的区别在于，前者每期还款金额相同，也就是每月本金和利息的和相同，贷款者的还贷压力均衡，但需要负担较多的利息；后者又叫“递减还款法”，每月本金相同，利息不同，前期还款压力大，但以后的还款金额逐渐递减，利息总负担较少。但等额本金还款法的月供呈倒金字塔式结构，并不适合所有的购房者。也就是说，早期还款数额较高，不适合贷款压力大的家庭。

2. 贷款方式买车更实惠

汽车贷款，是指贷款人向申请购买汽车的借款人发放的贷款。一般来说，个人贷款购车业务分为直客式、间客式、信用卡分期车贷三种。直客式是指客户直接见面进行贷款的银行车贷，间客式是指汽车金融公司转接客户的汽车金融公司车贷，而信用卡分期购车贷款则是指对银行信用卡用户提供的分期贷款。

个人办理汽车贷款的方法

办理汽车贷款的手续相对来说比较简单。

首先，需要填写贷款申请表，签署贷款合同，并且备齐身份证明、居住证明、工作证明、贷款用途证明等贷款人要求的证明材料。

其次，银行或其他金融机构会对贷款者的贷前资格进行调查和审批。如果贷款者符合银行规定的贷款条件，银行便会通知贷款者填写一些贷款表格材料。如果贷款者申请的贷款需要抵押或担保，还需要签订担保合同、抵押合同，并办理抵押登记手续等。一般银行在 2 ~ 3 周或一个月之内审批结束后即发放贷款，最快的一天即可放款。

最后，贷款人将首付款交给汽车商，并凭存折和银行开具的提车单办理提车手续。

更划算的贷款方式

首先，银行贷款的首付更低（有些银行可以低至 20%），可以申请较大额度的贷款，且利率较低，还款期更长。因此银行贷款是长期以来车主最热衷的贷款方式。最重要的一点是，银行办理车贷时并不限制汽车销售商或车型，大大地增加了贷款买车者的选择空间。但是，银行贷款的审批较为严格，时间也较长，建议购车者申请之前需要进行详细的咨询，确定自己是否符合条件。

其次，信用卡贷款买车一般需要比银行贷款付出更高比例的首付，大概为30%～40%。但信用卡贷款买车也有它的好处，就是速度快、简便、门槛低。用信用卡办理贷款手续比较简单，审核速度也比银行快。而且不少信用卡产品都有其免息期，购车者根据当月账单金额按时全额还款，就不用支付利息了。不过需要注意的一点是，免息期与手续费是两样不同的收费。办理分期的时候，银行虽然不收取利息，但是会收取一定的手续费。手续费根据账单分期的期数而不同，各家银行的利率和收取方式也都有所差别。

最后，我们来看看汽车金融公司贷款。其最大的优点就是不需贷款购车者提供任何担保，只要有固定职业和居所、稳定的收入及还款能力，个人信用良好即可。贷款额度基本上与银行一致，而且手续较为简便，审批速度也快。同时，现在个别汽车金融公司推出了弹性还款制，贷款者可以根据自身的资金状况选择适合自己的贷款方式。但是，并不是所有的汽车品牌都有自己的汽车金融公司，目前在国内汽车金融公司也不过十多家。

3．个人向消费贷款“借钱”的方法

所谓消费贷款，有时也称作消费者贷款，指的是商业银行或其他金融机构以消费者的个人信用为基础，对消费者个人发放的，用于购置耐用消费品或支付其他费用的贷款。消费贷款具有贷款额度较高、贷款期限较长、消费用途广泛等多方面的特点。从种类上看，包括住宅抵押贷款、非住房贷款和信用卡贷款三大类。

个人申请消费贷款的条件及流程

首先，申请消费贷款需要具备的条件。

①申请人的有效身份证件（原件和复印件）；

②申请人的有效居住证明材料；

③申请人所在单位出具的收入证明材料、保险单等能够证明贷款偿还能力的材料；

④借款人获得质押、抵押额度所需的质押权利、抵押物清单及权属证明文件，权属人及财产共有人同意质押、抵押的书面文件；

⑤借款人获得保证额度所需的保证人同意提供担保的书面文件；

⑥保证人的资信证明材料；

⑦社会认可的评估部门出具的抵押物评估报告等商业银行要求的其他材料。

其次，申请消费贷款的基本流程。

①由申请人持有关资料向商业银行或其他金融机构提出贷款申请；

②银行受理后，对借款人的资质及所提供的资料等进行审核并确定贷款额度；

③借款人的申请获得批准后，与银行签订借款合同和相应的担保合同；

④借款人在额度有效期内，在可用额度范围内，可以随时支用，支用时填写贷款支用单支用贷款；商业银行将贷款资金划转至合同约定的账户中。

申请消费贷款需要注意的细节

第一，要量力而行。申请贷款前，借款人应结合自身经济收入、日常开销情况确定好贷款金额，避免过大的还款压力影响正常生活。

第二，比较各家银行的贷款利率。随着中央银行的不断加息，各家银行的贷款利率均有不同的波动，但有一点，银行也是存在竞争的，各大银行为了吸引更多的消费者，会在央行给出的利息之上做出不同的调整。所以，大家可以在申请消费贷款之前多跑几家银行，了解不同银行的贷款利率，选择性价比高的可以节省不少费用。

第三，比较各个银行的贷款额度。每家商业银行在借款人提出申请后，都会对申请人做一定的评估，从个人收入状况、个人银行信用状况以及还款能力等方面做出贷款额度的决定。通常来说，不同银行发放贷款的额度可能会有所不同，借款人不妨多咨询几家银行。

第四，按时足额还款。借款人获贷后，一定要按照贷款合同的约定按时足额还款，这是最重要的一点，避免逾期还款留下不良信用记录，影响未来银行房贷、车贷等信贷业务的办理。

4. 信用卡消费，轻松消费及时还款

信用卡，是银行或信贷公司为客户提供的一种简单信贷服务。一般来说，银行或信贷公司会依照申请者的信用度与还款能力将此卡发给持卡人，而持卡人持信用卡消费时无须支付现金，待日后再进行还款即可。

信用卡分为贷记卡和准贷记卡，贷记卡是指银行发行的，并给予持卡人一定信用额度，持卡人可在信用额度内先消费后还款的信用卡；准贷记卡是指银行发行的，持卡人按要求交存一定金额的备用金，当备用金账户余额不足支付时，可在规定的信用额度内透支的信用卡。

使用信用卡的好处

第一，安全方便。持卡人不必支付现金就可以获得商品与劳务，免去了消费者携带大量现金的不便和风险，方便了消费者外出购物、出差和旅游，真正地实现了潇潇洒洒走四方。

第二，干净卫生。纸币在流通的过程中，由于接触者多，细菌当然

也多。而信用卡除了自己使用外，接触的人就只有收银员，可以有效减少细菌和病毒的传播机会，创造了一个安全、卫生的消费环境。

第三，省钱。很多商业银行推出的信用卡都跟商家有着合作或进行着促销活动，比如刷卡刷到多少就有返回现金的优惠，合理使用信用卡，可以为自己省下不小的开支。

第四，分期付款，缓解压力。对于家电、手机、笔记本电脑等价格较高的消费品，如果一次性付清款项，往往压力较大，此时可选择信用卡分期付款的方式，无须一次性付过多的钱，就可以轻松拥有“心头好”。

使用信用卡的小技巧

第一，记清楚账单日和还款日。记清账单日的作用是：享受最长免息期。打个比方，持卡人的账单日是每月 5 日，最后还款日是每月 25 日。申请人在账单日前一天消费，就必须在这个月 25 日还款；申请人在账单日后一天消费，就可以在下个月 25 日还款，享受最长免息期。而记清还款日，则是为了避免逾期，特别是有些持卡人持有卡片过多，容易搞混不同信用卡的还款日，这就很有可能导致持卡人还款逾期的不良后果。

第二，尽量不要用信用卡取现。信用卡取现没有免息期，而且利息非常高，需要全额还款，同时会让银行怀疑你的财力，因此尽可能不要使用信用卡到柜员机进行取现。

第三，防盗刷有妙招。如今社会上发生过不少信用卡被盗刷的事件，金额之高，骇人听闻。持卡人应提高风险意识，谨防信用卡被不法分子盗刷。例如，可以使用这些小妙招，将磁条信用卡换成芯片卡，银行卡与身份证分开放，将信用卡背面的 CVV2 码（信用卡安全码）用便签贴好，密码不要与个人信息关联，刷卡输入密码时用手遮挡密码等。

5. 网络贷款，“蚂蚁花呗”开启预付网购新模式

“蚂蚁花呗”是蚂蚁金服推出的一款消费信贷产品，它发挥着信用卡的功效，用户开通“蚂蚁花呗”以后，消费时可以预支“蚂蚁花呗”的额度，畅享“先消费，后付款”的购物体验。如今，类似于“蚂蚁花呗”的网络贷款服务还有很多，例如京东金条、58消费贷、现金贷、微粒贷等。

“蚂蚁花呗”支持多场景购物支付使用，不仅包括淘宝网和天猫网，而且还接入了数十家外部消费平台，包括大部分电商购物平台，比如亚马逊、苏宁等；本地生活服务类网站，比如口碑、美团、大众点评等；主流3C类官方商城，比如乐视、海尔、小米、OPPO等官方商城；以及部分海外购物的网站，大大方便了人们的消费和生活。

使用“蚂蚁花呗”的优缺点

“蚂蚁花呗”自上线以来，就得到了大量网购族的青睐，这与其自身的优点是分不开的。

首先，“蚂蚁花呗”的门槛更低。信用卡申请需要满足一定的条件，审批手续复杂，但是“蚂蚁花呗”与支付宝合作，为支付宝用户提供一定额度的消费贷款，这几乎没有什么门槛，让很多没有信用卡、暂时没有稳定收入的人群（比如大学生）有了一定的可以透支的额度。

其次，使用及还款方便。用户在网购时，付款方式里就有“蚂蚁花呗”可以选择，无须绑定卡券之类，使用起来非常方便；还款时不仅可以自己主动还款，还能在最终还款日自动从所绑信用卡或余额宝中扣取。

最后，申请分期较简单。“蚂蚁花呗”对于用户金额大于600元的

交易就提供分期付款服务，而且电商促销时经常有免息分期的活动。而经常使用“花呗”消费并按时甚至提前还款可以提高自己的“芝麻信用”，享受更多的金融服务。

当然，“蚂蚁花呗”也有一定的缺点。比如，其额度较低，一般用户只有数千元的额度，不适用于购买大件商品。再如，目前它接入的商家不够多，线下的服务较少，不够方便等。

使用“蚂蚁花呗”的技巧

第一，还款技巧。“花呗”提出“先消费，下月还”，即这月使用“花呗”支付的金额，还款日为下月的 1—10 日。这里就藏着一个小技巧，“花呗”支付金额是以确认收货为准的，也就是在确认收货的下月 10 日之前还款。因此，计算好下单和收货时间，就有可能享受到更长的还款周期。如果暂时无法还款，则可以选择分期还款，只要在每月 1—10 日申请分期还款就行了，然后顺延至下个月才是第一期。

第二，谨防网络诈骗行为。“蚂蚁花呗”只可用于网购消费，不能用于提现，但是一些不法分子以“蚂蚁花呗”套现为名，实施诈骗行为。那些想要套现、提额的人原本是自己想占点便宜，没想到正中骗子设下的圈套，不仅没有解一时之急，还要自己去偿还那些被骗走的钱。因此，广大用户应提高警惕。